全国海洋系统先进集体、先进工作者典型事迹汇编

（2014年度）

国家海洋局人事司 编

海洋出版社

2017年·北京

图书在版编目（CIP）数据

全国海洋系统先进集体、先进工作者典型事迹汇编.
2014年度 / 国家海洋局人事司编. — 北京：海洋出版社，
2017.1
　ISBN 978-7-5027-9659-4

　Ⅰ.①全… Ⅱ.①国… Ⅲ.①海洋学—科学工作者—
先进事迹—中国—2014②海洋学—先进集体—先进事迹—
中国—2014 Ⅳ.①K826.14

中国版本图书馆CIP数据核字(2016)第321671号

责任编辑：肖　炜　高朝君
责任印制：赵麟苏

海洋出版社 出版发行

http://www.oceanpress.com.cn

北京市海淀区大慧寺路8号　邮编：100081
北京朝阳印刷厂有限责任公司印刷
2017年1月第1版　2017年1月北京第1次印刷
开本：787mm×1092mm　1 / 16　印张：15.25
字数：234千字　定价：68.00元
发行部：62132549　邮购部：68038093
总编室：62114335　编辑室：62100038

海洋版图书印、装错误可随时退换

人力资源和社会保障部 国家海洋局
关于表彰全国海洋系统先进集体和先 进 工 作 者 的 决 定

天津市、河北省、辽宁省、上海市、江苏省、浙江省、福建省、山东省、广东省、广西壮族自治区、海南省、大连市、宁波市、厦门市、青岛市、深圳市人力资源社会保障厅（局）、海洋厅（局），国家海洋局所属各单位：

近年来，在党中央、国务院的正确领导下，全国海洋系统广大干部职工高举中国特色社会主义伟大旗帜，坚持以邓小平理论、"三个代表"重要思想、科学发展观为指导，全面贯彻党的十八大和十八届三中、四中全会精神，深入贯彻习近平总书记系列重要讲话精神，积极培育和践行社会主义核心价值观，解放思想，开拓进取，扎实工作，为促进海洋事业又好又快发展，建设海洋强国做出了重要贡献，涌现出一大批先进集体和先进个人。

为表彰先进，弘扬正气，激励海洋系统广大干部职工进一步做好新时期海洋工作，加快实现"建设海洋强国"的战略目标，人力资源和社会保障部、国家海洋局决定，授予中国海警1112舰等35个单位"全国海洋系统先进集体"荣誉称号，授予周德山等29名同志"全国海洋系统先进工作者"荣誉称号。被授予"全国海洋系统先进工作者"荣誉称号的人员，享受省部级劳动模范和先进工作者待遇。希望受表彰的先进集体和先进个人珍惜荣誉，谦虚谨慎，戒骄戒躁，再接再厉，为海洋事业发展再立新功。

全国海洋系统广大干部职工，要以受表彰的先进集体和先进工作者为榜样，紧密地团结在以习近平同志为总书记的党中央周围，深入领会"四个全面"战略布局，坚定信心，锐意进取，创先争优，扎实工作，努力建设海洋强国，为实现中华民族伟大复兴的中国梦做出新的更大的贡献！

附件：1. 全国海洋系统先进集体名单
   2. 全国海洋系统先进工作者名单

人力资源和社会保障部 国家海洋局
2015年8月26日

附件1

全国海洋系统先进集体名单
（35个）

天津市海洋局海洋经济管理处
河北省海洋局海洋环境保护处
辽宁省海洋水产科学研究院
辽宁省葫芦岛市海洋与渔业局
上海市海洋管理事务中心
中国海警2113船
浙江省海洋与渔业执法总队
浙江省舟山市海洋勘测设计院
福建省福州市海洋与渔业局
福建省海洋预报台
山东省东营市海洋环境预报中心
中国海监威海市支队
广东省湛江市海洋与渔业环境监测站
中国海警3111船
广西北仑河口国家级自然保护区管理处
中国海监2168船
中国海监大连市支队
宁波市海洋与渔业执法支队
厦门市海洋与渔业局海域与海岛管理处
青岛市海洋与渔业局海域和海岛管理处

中国海监广东省总队深圳支队
中国海警1112舰
中国海警2506舰
中国海警32019艇
中国海警45101舰
中国海监第一支队
国家海洋局秦皇岛海洋环境监测中心站
国家海洋局崇武海洋环境监测站
中国海警2350船
国家海洋局南海海洋工程勘察与环境研究院
中国海监南海维权执法支队
国家海洋局国际合作司（港澳台办公室）国际组织处
国家海洋信息中心海洋环境信息保障技术重点实验室
国家海洋环境预报中心海洋气象预报室
国家海洋局天津海水淡化与综合利用研究所海水淡化技术研究室

附件2

全国海洋系统先进工作者名单
（29个）

王振祥	天津市海洋局大港海洋管理处处长
曹东昌	河北省国土资源执法监察局海洋执法监察处处长、河北省海监总队副总队长
牛向军	中国海监丹东市支队支队长、党支部书记
汤永辉	上海市金山区海洋局规划建设科科长、助理工程师
周德山	江苏省连云港市海洋环境监测中心主任、研究员级高级工程师
王振东	中国海监响水县大队大队长
张月霞（女）	浙江省海洋监测预报中心工程师
洪国联	福建省泉州市海洋与渔业局资源环保科科长、高级工程师
马兆虎	山东省烟台市海洋环境监测预报中心主任、高级工程师
叶四化	广东省海洋与渔业环境监测中心测试分析室主任、高级工程师
李常亮（壮族）	广西壮族自治区海洋局主任科员、工程师
韩秋燕（女）	海南省儋州市海洋与渔业局海洋管理科副科长
王　炜	大连市庄河市海洋与渔业局海洋管理科科长
章志鸿	宁波市象山县海洋与渔业局局长、党委书记
池信才	厦门市海洋与渔业局科技与海洋经济发展处处长、副研究员

张　建	青岛市城阳区海洋与渔业局局长、党委书记
李喻春	深圳市规划和国土资源委员会（市海洋局）海洋管理处处长
伍胜波	中国海警3411船轮机长
伊兆振	中国海警37101舰航通班班长
李成皓	中国海警33101舰舰长
曹业政	中国海监第一支队"大洋一号"船船长
曹丛华（女）	国家海洋局北海预报中心主任、工程技术带头人
徐　韧	国家海洋局东海环境监测中心主任、工程技术带头人
孙利平	中国海监东海航空支队支队长助理
罗培史	国家海洋局三亚海洋环境监测站副站长、工程师
雷英良	中国海监南海航空支队航空执法队队长
宗兆霞（女）	国家海洋局政策法制与岛屿权益司行政复议办公室副主任
陈建芳	国家海洋局第二海洋研究所海洋生态与环境实验室主任、研究员
张志锋	国家海洋环境监测中心主任助理、副研究员

目　次

全国海洋系统先进集体事迹

天津市海洋局海洋经济管理处事迹 3
河北省海洋局海洋环境保护处事迹 7
辽宁省海洋水产科学研究院事迹 11
辽宁省葫芦岛市海洋与渔业局事迹 14
上海市海洋管理事务中心事迹 18
中国海警2113船事迹 22
浙江省海洋与渔业执法总队事迹 26
浙江省舟山市海洋勘测设计院事迹 30
福建省福州市海洋与渔业局事迹 35
福建省海洋预报台事迹 39
山东省东营市海洋环境预报中心事迹 42
中国海监威海市支队事迹 46
广东省湛江市海洋与渔业环境监测站事迹 51
中国海警3111船事迹 55
广西北仑河口国家级自然保护区管理处事迹 60
中国海监2168船事迹 64
中国海监大连市支队事迹 69
宁波市海洋与渔业执法支队事迹 73
厦门市海洋与渔业局海域与海岛管理处事迹 76
青岛市海洋与渔业局海域和海岛管理处事迹 79
中国海监广东省总队深圳支队事迹 81
中国海警1112舰事迹 86
中国海警2506舰事迹 88
中国海警32019艇事迹 90
中国海警45101舰事迹 92
中国海监第一支队事迹 94
国家海洋局秦皇岛海洋环境监测中心站事迹 99
国家海洋局崇武海洋环境监测站事迹 103
中国海警2350船事迹 108
国家海洋局南海海洋工程勘察与环境研究院事迹 113
中国海监南海维权执法支队事迹 117

国家海洋局国际合作司（港澳台办公室）国际组织处事迹··················121
国家海洋信息中心海洋环境信息保障技术重点实验室事迹··················125
国家海洋环境预报中心海洋气象预报室事迹·····························126
国家海洋局天津海水淡化与综合利用研究所海水淡化技术研究室事迹········130

全国海洋系统先进工作者事迹

王振祥同志事迹·····························137
曹东昌同志事迹·····························140
牛向军同志事迹·····························142
汤永辉同志事迹·····························145
周德山同志事迹·····························148
王振东同志事迹·····························151
张月霞同志事迹·····························154
洪国联同志事迹·····························157
马兆虎同志事迹·····························160
叶四化同志事迹·····························165
李常亮同志事迹·····························169
韩秋燕同志事迹·····························175
王炜同志事迹·······························179
章志鸿同志事迹·····························183
池信才同志事迹·····························186
张建同志事迹·······························190
李喻春同志事迹·····························192
伍胜波同志事迹·····························198
伊兆振同志事迹·····························199
李成皓同志事迹·····························200
曹业政同志事迹·····························201
曹丛华同志事迹·····························205
徐韧同志事迹·······························209
孙利平同志事迹·····························215
罗培史同志事迹·····························219
雷英良同志事迹·····························222
宗兆霞同志事迹·····························225
陈建芳同志事迹·····························229
张志锋同志事迹·····························232

全国海洋系统先进集体事迹

QUANGUO HAIYANG XITONG XIANJIN JITI SHIJI

天津市海洋局海洋经济管理处事迹

天津市海洋局海洋经济管理处是天津市海洋局内设处室，正处级，编制6人，负责海洋经济、海洋科技、海洋统计等相关工作。在局党组的领导下，全处同事齐心协力、开拓创新、扎实工作，出色完成了各方面工作，取得了显著成效，为天津市提升海洋经济实力、加快海洋强市建设做出了突出贡献。具体事迹如下：

一、作风过硬，团结奋斗，业务水平高

认真贯彻落实党的十八大和十八届二中、三中、四中全会精神，认真组织开展党的群众路线教育实践活动，坚决贯彻执行党的路线、方针、政策，落实局党组的各项决策。近几年，党中央国务院及天津市委、市政府高度重视海洋经济发展，局党组连续四年将海洋经济工作确定为全局的"重中之重"，经济管理处工作任务越来越重。处内作风民主，工作氛围融洽，团结进取，心往一处想、劲往一处使。处长率先垂范，同志们认真学习业务知识，加班加点工

作，形成了一支思想过硬、学习工作氛围浓厚、作风扎实、高效廉洁的实干团队。在任务重、新事多、难题多、人手少的情况下，圆满完成了各项工作。

二、不等不靠，主动出击，取得显著成效

积极争取全国海洋经济发展试点，推动海洋经济科学发展示范区建设全面展开，形成了各方面联动的良好局面。

（1）积极对接国家部委，争取各方面支持，更好地推动海洋经济发展。近几年，海洋经济管理处组织天津市财政局、工信委、科委等有关部门加强与国家部委衔接，积极争取各方面支持，尤其是在2014年获得了较大的支持。国家发展改革委、国家海洋局决定在天津市开展海洋高技术产业基地试点，批复了《天津建设国家海洋高技术产业基地实施方案》。国家财政部和国家海洋局批准天津市成为全国区域示范地区，批复了《天津海洋经济创新发展区域示范成果转化与产业化实施方案》，批准47个项目，总投资56.8亿元，建成后预计形成企业年销售收入33.75亿元。2014年中央拨付专项资金启动经费7845万元，以后示范期间还将加大支持。国家海洋局2014年度海洋公益性科研专项支持天津市4个项目，专项经费7710万元。国家海洋局还印发了《支持天津建设海洋强市的若干意见》。同时，海洋经济管理处积极组织申报财政部公私合营（PPP）试点，目前南港先达海水淡化项目初步入选。以上国家部委的支持，将大大促进天津市海洋科技、海洋产业的发展。

（2）主动开展工作，引起天津市领导重视，深入推进示范区建设。得知国务院开展海洋经济发展试点工作后，会同有关单位组织编制了《天津海洋经济科学发展示范区规划》。经过反复征求意见、修改，多次赴北京与国家发展改革委、国家海洋局衔接沟通，2013年国务院批准了示范区规划，将天津纳入全国海洋经济发展试点。这是天津海洋经济和海洋事业发展的重大机遇。海洋经济管理处及时总结汇总示范区建设进展情况，并多次以专报形式报天津市有关领导，获得主要领导的高度重视。2014年4月，天津市委召开推进海洋经济发展专题会，强调"抓住国家海洋经济科学发展示范区机遇，加快建设海洋强市"。第31次常务会上，对示范区建设工作进行部署，明确提出成立示范区建设领导小组。2014—2017年，天津市财政和滨海新区财政设立8亿元专项资金，推进示范区建设。6月及10月，两次组织召开专题会议，部署有关工作。随后，还召开了海洋经济创新发展区域示范项目启动仪式。天津市市委书记、市长召开海洋经济专题会议，尚属首次，意义重大，对当地海洋经济工作的开展具有极大的推动作用。

（3）组织协调全市有关单位，共同努力，形成共建示范区的良好局面。组织起草完成了《关于建设天津海洋经济科学发展示范区的意见》《关于建设天津海洋经济科学发展示范区的工作责任分工方案》《推进天津海洋经济科学发展示范区建设2014年工作计划》等文件，并印发各部门、各区县、各单位执行。指导滨海新区发改委编制《示范区核心区建设实施方案》，协助塘沽海洋高新区积极策划海洋高端装备产业园和海洋生物医药产业园建设。组织全市各部门、各地区、各单位，开展推进示范区建设工作实施方案的编制工作；协调市人力社保局、国土房管局、金融局等单位，研究出台财政、金融、产业、用地、用海、科技和人才7个方面支持海洋经济发展的政策；推动天津市发展改革委、工信委等部门，编制海洋服务业、海洋工程装备、海水淡化及综合利用、海洋生物医药4个产业的专项规划；与天津市发展改革委、滨海新区政府共同推出海洋固定资产投资项目50个。积极配合中国海洋报、新华通讯社、天津电视台、天津日报、今晚报等媒体，加大宣传力度，有效提高了市民的海洋意识。目前，全市已初步形成了共建示范区的良好氛围。

（4）深入基层，改进作风，促进多方对接。全处以服务涉海企业为宗旨，以重点项目为抓手，改进作风，实地考察，深入全市40余家主要海洋企业、20余家涉海科技型企业、50多个海洋创新发展区域示范项目单位进行调研，全面了解企业发展情况、存在问题、政策需求等情况，为更好地理清思路、制定推进示范区建设工作方案奠定基础。2010—2014年，科技兴海专项立项项目130余个，支持财政专项经费近1亿元，带动企业和科研院所等配套经费2.3亿元，预计形成经济效益13亿元以上。同时，联系示范区建设领导小组成员单位积极为企业解决问题，协调天津市金融局、投融资机构等单位，搭建平台，促进"银企"对接。分期分批确定和推出重点建设项目，通过各种措施加快项目建设，促进海洋经济转型升级和产业结构调整。

三、坚持依法治国理念，完善规章制度，加强各项管理

为规范管理，确保海洋经济项目合理合法运行，制定了专项资金管理办法、项目管理办法、考核管理办法等文件，严格操作方法和流程，科学规范管理海洋经济、海洋科技项目，做好事中事后监管，保障项目顺利进行。为进一步提高海洋经济管理服务水平，以建设海洋经济监测与评估系统为抓手，加强天津市海洋经济统计监测，努力提升海洋经济统计能力，开展海洋经济统计核算方法研究，提高管理水平，为示范区建设提供支撑。

河北省海洋局海洋环境保护处事迹

河北省海洋局海洋环境保护处（海洋预报减灾处）是负责海洋环境的调查、监测、监视与评价、海洋工程行政许可、海洋生态环境保护和海洋预报减灾等工作的专业处室。近年来，该处以夯实基础、完善机制、提升能力、重在成效为重点，建立健全法规、规划和制度，规范海洋环境保护监管；完善海洋生态环境监测评价体系，提升社会服务水平；强化用海工程监督管理，严把海洋环境影响评价关；加强海洋生态环境修复与保护，恢复海洋生态功能，为全省沿海经济社会协调、健康、快速发展做出了贡献。

一、建章立制，形成了完备的法规规划体系

制定出台了《河北省海洋环境保护管理规定》，填补了河北省海洋环境保护法律空白；率先在全国编制了《河北省海洋生态红线》，并作为主要章节列入《河北省国土治理条例》；发布实施了《河北省海洋环境保护规划（2011—2015年）》《关于划分海洋主管部门核准海洋工程环境影响评价权限的意见》《防治海洋工程建设项目污染损害海洋环境管理规定》等规划和

规章制度，海洋环境法规、规划进一步完善。

二、开展北戴河综合整治，海洋生态环境明显改善

按照海陆统筹、河海联动的近岸生态环境治理理念，采用点面结合、严控点源、消减面源的治理模式，通过关停排污不达标企业、淘汰落后产能生产线、清淤整治污染严重的入海河流等陆源污染防控工程，北戴河海域水质明显好转；采用尊重自然的人工养滩方法，实施侵蚀岸滩修复治理工程，先后在秦皇岛整治修复岸线累计长10.2千米、恢复沙滩面积30多平方千米，再造了稳定的亲水环境；实施海洋环境保障工程，建立了海洋环境立体业务化监测预警体系。组建专业化赤潮应急消除队伍，建设应急物资储备库，储备新型改性黏土材料，装备专业作业船只，形成了海洋灾害防控应急体系。通过工程实施和能力提升，北戴河海洋生态功能得到进一步恢复。

三、加强能力建设，提高海洋环境监测评价服务水平

建立了省、市、县三级海洋环境监测机构，监测能力不断加强。设置监测站位近400个，开展江河入海污染物总量、陆源入海排污口及其邻近海域等17个方面的监视监测，通过发布年度海洋环境状况公报和年中通报，为沿海各级政府的经济社会发展决策提供依据。建立海洋信息发布制度，通过电视、广播、报纸等各种形式，实时发布各类海洋环境信息，为各级政府和社会公众掌握海洋环境状况，提供及时有效的服务。组建海洋信息员队伍，及时准确传递海洋环境信息和海洋灾情信息。建立由海洋、环保、海事、渔业、建设等部门参加的信息沟通机制，开展海洋环境联合检查，确保海洋环境安全。与河北省环境保护厅联合建立了陆海统筹海洋环境保护工作机制，按照相互配合、优势互补、沟通合作的原则共同开展海洋环境保护工作。

四、坚持暑期工作无小事，确保海洋环境安全

成立领导小组，制订工作方案、工作制度和工作流程，明确单位分工，开

展海洋环境常规监测和应急监测。建立应急值班制度和会商制度，暑期严格实行24小时值班制度，做到了早发现、早报告、早处理。建立专家会商组，每天对北戴河海域环境状况进行系统会商，以快报形式将结果报相关部门。做好应急处置工作，按照赤潮应急预案要求，进行实战演练，收到了良好的效果。确保了暑期海洋环境安全，受到国家和河北省委省政府的肯定。

五、转变管理方式，提高海洋行政审批管理水平

简化审查环节，优化审批程序，规范审批示范文本，缩短审批时间，报告书和报告表的审批分别由60天和30天均缩短为10天，得到了项目单位的欢迎和好评。加强用海项目的监管，开展巡视检查，重点查处了未批先建、边批边建和超标排污的违法行为，做到了新建工程项目均采取跟踪监测，全过程监管。

六、加强观测预报设施建设，提升防灾预警能力

加强海洋观测站点建设。建立了秦皇岛、曹妃甸、黄骅、北戴河等7个海洋观测站，实现了业务化运行，获得了大量的第一手现场资料，填补了河北省相关海区观测资料的空白。制定海洋灾害应急预案，提高海洋预报减灾的针对性和可操作性。建立了全省海洋环境监视与海洋灾害在线远程视频系统。在沿海港口、生态敏感区、灾害易发区、技术开发区等区域布置了66个摄像头，实时监控海洋环境与海洋灾害，为全国首个建立省级在线远程视频系统的省份。

七、开展能力建设和专题研究，保护海洋生态环境

加强自然保护区基础设施建设和技术装备配置，不断提高保护区的管护能力；开展定期、不定期巡护活动，依法处置和及时制止违法行为。加强海洋生态修复治理。实施沙滩修复工程，海滩生态功能得到有效恢复和改善；开展曹妃甸生态城淤泥质海岸带生态修复示范工程，利用配置耐盐或盐

生植物，盐土改良技术等措施，实现了低成本淤泥质海岸带原土植被构建与恢复，被国家列为优秀示范工程。超前探索开展海洋生态保护专题研究，安排专项资金开展各类专题研究，取得了《秦皇岛旅游沙滩保护与战略规划研究》《河北省海岸侵蚀监测评价》《河北省海水入侵调查评价》等近20项研究成果，大部分成果被沿海地方政府采用。

辽宁省海洋水产科学研究院事迹

辽宁省海洋水产科学研究院（辽宁省海洋环境监测总站）始建于1950年，具有渔业科技研究、海洋科技研究和海洋环境监测等职责职能，是辽宁省唯一一所涉海省级重点科研机构。多年来，该院始终坚持以邓小平理论为指导思想，大力践行科学发展观，认真贯彻落实党的十八大和十八届二中、三中、四中全会精神，围绕服从和服务于全省海洋与渔业经济发展这个大局，加强海洋科技研究和应用，在海洋环境保护、海岛规划利用等方面为国家和地方经济发展做出了突出的贡献，取得了显著成绩。

一、大力加强海洋科技研究，努力推进科技兴海

随着国家海洋战略的实施，海洋科技在战略中的作用越来越大。该院以科技兴海为己任，先后承担了"908"专项、"948"专项、国家海洋公益性项目、海岛地名普查、世界自然基金会（WWF）项目等国家省市项目百余

项，为国家海洋科技发展和辽宁省海洋经济发展做出了积极贡献。其中，由该院作为辽宁省主要单位承担的海洋科技研究项目《我国近海海洋综合调查与评价》（"908"专项）中的有关任务获得圆满完成，为辽宁省海洋经济可持续发展、海域使用管理、海洋生态环境保护管理和海洋防灾减灾提供了基础数据和科学依据。在海岛保护规划利用方面，承担了辽宁海岛地名普查等任务，为国家和地方政府海岛普查、保护利用做出了贡献。同时，该院充分发挥技术优势，在海岛修复，海岛规划利用方面做出了积极的贡献，编制完成了辽宁省海岛生态修复规划，先后被国家列为海岛保护规划编制技术推荐单位、无居民海岛使用论证推荐单位和海岛使用金评估推荐单位。

二、大力加强海洋环境保护，全力做好海洋公益服务

辽宁省海洋环境监测总站主要负责辽宁省近岸海域生态环境监测、海洋污染事故的调查鉴定、海洋和海岸工程建设项目对海洋环境影响的评估等职责职能。多年来，该院认真履行辽宁省政府赋予的各项职能，在海洋污染监测、生态灾害监测、环境风险评价、渔业污染事故调查鉴定与评估等方面做了大量卓有成效的工作，调查鉴定与评估处理渔业污染事故30余起，为保护海洋渔业环境、防灾减灾、减少渔业经济损失做出了积极的贡献，为渔民渔企累计挽回经济损失数十亿元。在大连2010年"7·16"输油管道起火爆炸溢油

事故和蓬莱19-3油田溢油事故海洋环境应急监测中，该站快速反应，主要领导亲临现场，不畏危险，带领科技人员开展监测工作，准确上报溢油灾害信息，为政府及时掌握溢油的影响范围和程度提供了重要依据；并建立了辽宁省溢油应急监测机制，打造了溢油应急监测监视平台，积累了丰富的应对溢油突发事件应急监测经验。该站协助辽宁省政府安排生态修复、生态建设、生态保护、后续生态影响监测和研究、海洋公益宣传教育项目34个。通过实施蓬莱19-3油田溢油事故海洋生态修复工作，将使受损的海洋生态环境和辽宁省渤海海洋生态服务功能得到恢复，溢油监控和应急处置等渤海生态保护能力和技术水平得到大幅度提升。同时，该站每年负责辽宁省海洋环境监测方案、海洋环境质量公报的编制任务以及海洋环境监测数据的月报制度与信息通报，紧紧围绕振兴辽宁老工业基地和实现海洋强省目标开展科研工作，充分发挥计量认证、海洋测绘、海域使用论证等资质，大力加强社会化服务能力。为政府宏观决策提供有效的科技支撑。

三、大力加强两个文明建设，努力创建和谐研究院

面对科技进步日新月异和科技市场竞争日趋激烈的新形势，该院始终坚持"以人为本"的发展方略，创新文化建设，努力构建学习型研究院与和谐研究院，取得了较丰厚的精神文明建设成果，累计获得各级荣誉数百项。近年来，先后被授予"全国总工会农林水利工会模范职工之家"、辽宁省总工会"奋战'十一五'、岗位创佳绩立功竞赛活动先进集体""大连市民主管理先进单位""大连市文明单位""大连市学习型组织""大连市先进集体""大连市创先争优先进基层党组织"等荣誉称号。有9人进入辽宁省"新世纪百千万人才工程"百千层次，2人分别被评为辽宁省第四批省级优秀专家和大连市第四批优秀专家。有20余人次先后获国家、省部级和相关系统的各种奖励和荣誉称号，其中有1人荣获全国"五一"劳动奖章，1人荣获辽宁省劳动模范、1人荣获大连市特等劳动模范，6人荣获大连市劳动模范，1人被评为全国海洋科技先进工作者，1人被评为全国优秀科技工作者，1人被评为全省海洋与渔业科技先进个人。

辽宁省葫芦岛市海洋与渔业局事迹

几年来,在国家海洋局、辽宁省海洋与渔业厅的亲切关怀和大力支持下,在葫芦岛市委、市政府领导的高度重视下,葫芦岛市海洋与渔业局认真贯彻落实党的十八大精神,坚决执行《中华人民共和国海域使用管理法》《中华人民共和国海洋环境保护法》等法律法规,全面加强海洋综合管理工作,各项海洋管理职能得到了充分发挥和有效落实,形成了依法用海、依法管海的管理框架,海洋综合管理工作连年跃上新台阶。葫芦岛市被确定为国家海域使用管理示范区,先后获得了全国海洋系统先进集体、全国海监优秀执法示范支队、全国地级市海洋环境监测示范站、国家海域使用动态监视监测系统建设示范单位、国家海洋局海冰应急响应先进集体等荣誉;2011—2013年连续3年在辽宁省政府海洋环境绩效考评中列全省第一,获得辽宁省政府重点工作优胜奖;连续多年被评为全省海洋与渔业工作目标考核一等奖、市委年度目标考核优秀单位,是葫芦岛市推进依法行政工作先进单位、文明机关。2013年葫芦岛市海洋经济实现总产值508.7亿元,海洋经济实现了又好又快持续发展。

一、规范管理,强化服务,全面提升海域使用管理水平

(1)科学编制《海洋功能区划》。坚持把海洋功能区划作为引导和调控

海域使用、保护和改善海洋环境的重要依据和手段。根据用海新形势，按照自然属性为主、兼顾社会属性和"近岸管细、远岸管粗"的原则，正确处理海域资源可持续利用与经济社会可持续发展关系，统筹陆海，对葫芦岛市海洋功能区划进行优化调整，既满足了现实发展需要，又为海洋经济发展留足了空间。

（2）认真执行《中华人民共和国海域使用管理法》。2002年，以这部法规颁布实施为契机，全面开展了海域使用清理整顿工作。针对海域、滩涂使用中存在的未批先用，乱圈乱占，乡镇承包，擅自改变用途，不按程序审批等问题，制定了《葫芦岛市海域清理整顿工作方案》，提出了解决海域使用管理不规范问题的11条处理意见，对葫芦岛市辖海域全部依法纳入统一管理，为海域使用管理奠定了坚实基础。

（3）建立海域管理配套政策体系。依据国家和辽宁省有关政策法规，结合海域使用管理工作实践和经验，葫芦岛市海洋与渔业局坚持持证有偿用海的基本原则，先后制定了《海域使用权招标拍卖制度》《养殖用海投苗抵押金制度》《海域使用界址标志物制度》《海域使用权证书年审和监督检查制度》等7项管理制度，有效提升了海域管理科学化、规范化水平。

（4）坚持管理与服务相结合，为经济发展献策出力。在海域使用管理实

践中，葫芦岛市海洋与渔业局始终紧紧围绕构建和谐社会，服务经济建设这个大目标。在辽宁省沿海经济带重点项目建设中，葫芦岛市海洋与渔业局坚持寓管理于服务之中，主动到沿海开发区征求意见，现场办公，成立了不驻区的工作组。在重大涉海项目审批中严格把关，主动服务，协调关系，争取扶持，使用海企业深受感动，在依法用海的同时，确保了项目的顺利实施。

二、加强监测，提高能力，积极履行海洋环境保护职能

（1）开展海洋监测，积极服务社会。在国家海洋局和辽宁省厅的重视支持下，葫芦岛市海洋与渔业局承担了生态监控区监测、海岸稳定性监测等十几项监测。连续多年承担了国家级赤潮监控区监测项目，以赤潮监测预警和防灾减灾为重点，狠抓了监视、监测网络建设，建立起了一支由政府海洋管理部门、涉海企业以及志愿者组成的赤潮监视网络，建立了专群结合、群测群治的防治赤潮体系，通过向养殖户发布监测结果，为广大养殖户提供了有力的技术支持和保障。

（2）坚持开发与保护并重原则，严格审查监管。加强海洋环保制度建设。为葫芦岛市政府起草了《葫芦岛市海洋环境保护规划》《水产养殖赤潮监控区应急响应预案》和《海域突发性污染应急预案》。从2003年起，每年编制《葫芦岛市海洋环境公报》，2009年《葫芦岛市海洋环境质量公报》荣获海洋环境公报创优创新评比（地市级）三等奖。

（3）严格落实海洋环境保护制度。一是在海洋资源开发中落实海洋工程环境影响评价制度。坚决执行海洋工程环保设施建设与主体工程"三同时"制度和先验收、后运行制度，新上项目必过环保关，围填海项目必过听证

关，不合格的坚决不批，不达标的坚决不上。二是落实海洋生态补偿机制。严格落实谁破坏、谁赔偿，谁受益、谁补偿的海洋生态补偿赔偿制度。三是严格落实生态红线制度。按照海洋功能区划、海洋环境保护规划，根据海洋资源承载能力，严格限制海洋开发活动，对生态脆弱和敏感区域、海洋资源超载区域实施海洋工程区域限批，逐步实施总量控制。四是积极开展海洋环保监视监察，严格执行"碧海行动"计划，有效地保护了近海水域环境。

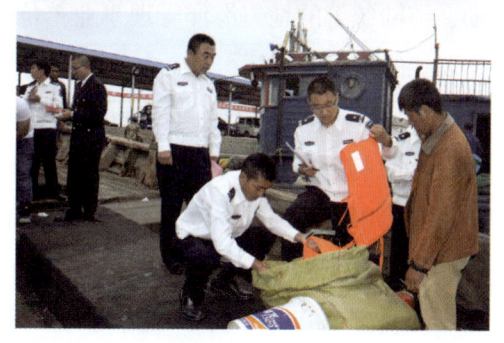

（4）积极推进监测能力建设，拓宽海洋环境监测领域。葫芦岛市海洋与渔业环境监测中心站现已建成450平方米中心实验室，有仪器设备60台（套）。2007年通过辽宁省计量认证，取得了四大类78项参数的监测资质。现已独立开展了海域环境质量现状监测、锦州湾海洋生物多样性监控区监测等12项监测。

三、不断加强作风建设，努力打造一流队伍

葫芦岛市海洋与渔业局领导班子紧紧围绕市委、市政府工作中心，坚决贯彻上级决策部署，精诚团结，作风民主，清正廉洁，积极应对复杂局面，坚持依法行政，成为海洋与渔业事业的带路人、领头雁。全系统扎实开展了队伍思想、纪律、作风、廉政建设，通过深入开展创先争优、政德教育、群众路线教育实践活动取得实效，工作效率明显提高。党风廉政、政务公开、综合治理、依法行政、信访维稳等各项工作全面实现既定目标，受到了市委、市政府主要领导的充分肯定，多项工作受到省厅和市委、市政府的表彰。

上海市海洋管理事务中心事迹

上海市海洋管理事务中心成立于2009年10月，是全国唯一一家江海联动、海陆统筹的地方海洋管理事业单位，肩负起履行整个上海市海洋管理工作职能的重要使命。

成立6年来，中心从零起步，以"一年打基础，三年重管理，五年成体系"为目标，攻坚克难、锐意进取，发挥海洋水务合署办公的体制优势，先后获得国家海洋局东海分局"发展海洋经济先进单位""上海市青年文明号""上海科技活动周先进集体""创先争优先进基层党组织"和"精神文明建设先进单位"等多项市级局级荣誉，多名同志获"世博保障先进个人""优秀党员和先进工作生产者"等荣誉称号。

一、围绕中心、服务大局，聚焦三项重点任务

摸家底打基础，努力开展海洋基础调查。该中心成立之初，上海的海域范围在哪里？历史用海情况如何？目前现状如何？这一切都没有现成的答

案。面对几乎空白的基础工作,中心把开展本市管辖海域范围调查和历史用海管理等海洋基础与综合调查作为重点任务。通过梳理,掌握了长江口168宗用海项目、杭州湾北岸48宗用海项目的基本情况及上海海域海洋倾废现状;开展上海市海域海岛地名普查,共普查码头单位147家,入海河口55个,入海排污口14处,滨海旅游区9个,自然保护区4个等,获得了本市海域实体的基本信息。通过艰辛细致的调查,为海域管理工作奠定基础、赢得先机。

细管理、履职能,努力强化海域海岛监管。海域海岛日常监督管理是中心的一项重要工作职责。中心努力克服经验不足、基础薄弱等种种困难,积极联合海监等部门加强对海域海岛及领海基点的日常监督管理,严格按国家要求做好配合海域使用审批和发证工作,不断优化日常监管的形式和内容。5年来,中心在海域海岛普查、海洋倾废管理、海域使用统计、海籍档案整理、海域海岛巡视检查等方面开展了大量细致工作,积累了宝贵经验,使得上海市海洋管理水平得到进一步提升。

理思路谋发展,努力抓好海洋经济研究。中心积极开展服务上海海洋经济发展的一系列工作:完成了海洋发展战略成果初稿,研究编制了《上海市海洋经济"十二五"中期评估报告》《上海市海洋战略性新兴产业发展指导目录》《海洋资源利用对海洋经济发展影响评价》等10多个专题报告,组织开展了海洋经济统计调查,建立了海洋经济统计历史资料数据库。历时3年建设的上海海洋经济运行监测与评估系统于2014年正式投入运行,为2015年国家海洋局将开展的第一次全国海洋经济调查工作奠定了较好的工作基础。

二、围绕职责、奋勇争先，打造三个品牌亮点

完成一批海陆统筹的重点项目。先后开展了佘山岛领海基点修复工程、海域海岛地名普查、杭州湾北岸整治修复奉贤岸段示范项目、上海海洋生态自然保护区大金山岛陆域海域调查等10多项国家和地方海洋工程重点项目。在自然保护区大金山岛陆域生态调查中，两名同志被毒虫咬伤手臂，仍不下火线坚持工作。在海域普查中，工作人员在酷热的天气环境中，徒步走遍了上海所有海岸线，敬业精神令合作单位人员感慨。特别是通过佘山岛工程这一国家级重点项目的建设，总结梳理了包括建设管理总流程、进度管理、安全管理等在内的12项海洋工程建设专项制度，进一步夯实了业务基础，提高了海洋管理的水平和能力。

完成一批海洋经济的专题研究。中心在梳理分析上海海洋发展现状、优势、问题和潜力的基础上，作为责任主体组织实施项目研究。重点围绕促进海洋经济发展、建设海洋生态文明、推进海洋科技创新以及强化海洋综合管理4个专题，现已经完成项目成果，并将上报上海市政府和国家海洋局，争取成为率先开展、率先完成海洋发展战略编制的沿海省市。

完成全国首个海岛整治修复工程。佘山岛领海基点是我国政府颁布的上海管辖区域内唯一一个领海基点，中心克服了工程施工难度大、工程抗风浪要求高、区域海况条件差、材料运输难、施工工期紧等诸多困难，历时一年多完成施工并通过验收。该工程是全国首个通过国家验收的海岛整治修复工程，对其他无居民海岛的保护和修复提供了经验积累和技术示范。

三、围绕发展、规范管理，抓好三项工程建设

抓党建工程，建立一个党政工团联动共促机制。在文化建设方面，推进了制度文化、廉政文化和行业文化"三大建设"；在精神文明创建方面，开展"五比五争""五个一"持续创建活动，内聚团队，外树形象；在载体创新方面，开展了"我建议、我承诺、我提高"活动，设立中心员工微信群；在党建方面通过开展人才、教育、文明"三大工程"，扎实开展了以"服务工作、服务员工、服务社会"为内容的服务型党组织建设，提升了海洋管理

"三大能力"。

抓人才工程，培养一支海洋管理专业人才队伍。人才兴，事业兴。为了解决涉海专业人才不足这个难题，中心外争编制，内引人才，按层次、分重点、有计划地开展各类形式多样的培训。立足自身，面对新员工和青年员工较多的特点，通过"压担子"等方式，积极为员工能力提升创造条件和平台，让员工在工作实践中快速成长。以编制调整为契机，加快了人才队伍建设。相继完成了7名新员工招聘录用、1名博士人才引进等工作，人才队伍不断壮大发展，人员结构逐步优化，队伍整体素质不断提高。

抓制度工程，建立健全一套管理规范的制度体系。没有规矩，不成方圆。中心从成立之初的"一穷二白"起家，以"制度先行"为原则，重点建立健全党务公开、事务公开、干部选拔以及海洋建设项目管理、海洋经济统计等40多项业务制度建设，研究制定了《上海市海洋管理事务中心事业发展规划2011—2015》，并不断努力付诸行动。对涉及职工切身利益的制度规定，都通过职工大会表决通过。

上海市海洋管理事务中心将以海陆统筹、江海联动的独特体制优势，在新起点上书写上海海洋事业发展的新篇章。

中国海警2113船事迹

中国海警2113船隶属于江苏省海洋渔业指挥部（中国海监江苏省总队直属支队），现为江苏省吨位最大、技术性能最先进的公务执法船舶，肩负着对我国管辖海域开展常态化巡航执法，从而维护国家海洋权益、打击渔业违法行为、处置水上突发事件的重要职责。该船现配备工作人员25人，其中党员5人、预备党员3人，是一支政治品格绝对忠诚、工作作风极端负责、业务实绩显著突出的海上执法力量。

一、守海护渔：以高度的政治使命感捍卫国家海洋与渔业权益

自2013年6月正式列装以来，中国海警2113船赴东海海域独立执行定期巡航任务1航次、赴钓鱼岛海域参与执行专项巡航任务11航次，累积巡航235天，航程突破33 000海里，航时近3500小时，圆满完成钓鱼岛领海内主动性巡

航及毗连区常态化巡航任务，并积极开展对该海域的渔业监管工作。该船是首艘担任海上编队指挥船的省级海警船，也是目前在钓鱼岛海域执行海洋与渔业维权执法任务航次最多、航时最长的省级海警船，2013年被中国海监江苏省总队评为江苏省海洋维权执法先进单位。

维权巡航过程中，中国海警2113船全体工作人员忠诚使命、服从指挥、严谨慎行、恪尽职守，在极短时间内了解并掌握了编队巡航、执法取证、保密通信、监视驱离、应急处置等维权工作技能，建立了包括应急预案、执法流程、保密规范在内的维权工作制度，并将报文、取证、记录、喊话等环节纳入规范化、标准化的维权工作流程，从而迅速在实践中锻炼出了一批维权执法工作的业务骨干。特别是根据上级指示，中国海警2113船利用自身优势，在钓鱼岛及其周边海域常态化开展渔业监管工作，多次成功驱离涉嫌违规作业的渔业船舶，积极行使我国的渔政管辖权力，维权执法行动受到国内外媒体的高度关注，维权执法成效获得各级领导的一致肯定。此外，中国海警2113船还在江苏近海执行打击非法盗采海砂、维护伏季休渔秩序等一系列重大执法任务，业已成为江苏省开展海洋与渔业执法工作的海上中坚力量。

二、统筹兼顾：以深刻的社会责任感服务"海洋强国"建设事业

在对外开展维权巡航、坚决捍卫国家海洋与渔业权益的同时，中国海警2113船全体工作人员自觉投身"海洋强国"建设事业，积极推动国民海洋意识教育，引导公众关心海洋、认识海洋、保护海洋，从而实现了本职业务工作政治效益与社会效益的双重叠加，为社会经济发展做出了应有的贡献。

实践工作中，中国海警2113船以深度接轨江苏沿海大开发战略为核心目标，以全面助推南通陆海统筹发展综合配套改革试验区建设为切入点，以有

限开放维权执法船等独特形式为抓手,有序推进海洋意识教育宣讲活动,全体工作人员走进校园、走进社区、走进渔村,常态化举办各类海洋意识教育宣讲活动,并与基层单位共建海洋科普教育基地、海洋之家、海洋文明墙等多种海洋文化宣传载体,从而不断为"海洋强国"建设事业凝聚广泛共识、创造和谐环境,使涉海涉渔工作取得了政治效益和社会效益的双丰收。此外,中国海警2113船还致力于服务地方经济建设,开展海工清障、光缆巡护等多项工作,并积极承担水上搜救任务,在长江航道等处成功救助遇险船舶,该船所在单位也因此获得"服务地方先进奖""水上搜救先进单位"等一系列荣誉称号。

三、培元固本:以强烈的集体荣誉感打造优良执法队伍

自组建伊始,中国海警2113船便本着法治化、规范化、专业化的执法队伍建设原则,着力塑造一支政治合格、作风优良、纪律严明、技能过硬、廉政为民、执法公正、形象一流的现代海洋执法队伍。

一是正风肃纪,坚持从严治船原则,严守"零违纪"的纪律红线,全体工作人员模范遵守国家法律法规及海洋管理方面的各项规章制度,廉洁奉

公,保守秘密,爱岗敬业,依法办事,无违法违纪案件及刑事安全案件的发生。二是规范管理,坚持风险防控原则,树立"零事故"的安全标准,全体工作人员对船舶所属导航、动力、通信和执法设备规范操作,精心维护,使船舶的各项技术性能始终处于最佳状态,并通过组织开展警示教育、安全自查及应急演练等多种方式,确保全体工作人员安全意识到位、操作行为规范、技术水平过硬,至今该船从未发生安全责任事故。三是争先创优,坚持政治先行原则,永葆"争一流"的工作风貌,以建设"基层服务型"党组织为核心,以"船舶课堂"等特色活动为平台,全体工作人员在该船党支部的带领下,不断增强船集体的创造力、凝聚力和战斗力,先后完成"星级党员示范岗"等一大批服务窗口建设,并获得"青年文明号争创先进集体"等一系列荣誉称号,在社会公众面前展现了海洋执法工作者应有的良好风貌。

浙江省海洋与渔业执法总队事迹

浙江省海洋与渔业执法总队（以下简称"浙江省总队"）是浙江省海洋与渔业局直属的参公事业单位，主要承担依法履行海洋与渔业行政执法职能，综合行使海洋与渔业行政处罚权。一直以来，该总队始终贯彻"依法治海、依法兴海"的方针，以服务海洋经济发展、振兴修复浙江渔场为己任，以狠抓执法队伍建设、强化海洋综合执法为重点，全面深化各项改革措施，为促进浙江省海洋经济持续、健康发展，推动"两区"建设提供了服务和保障，多次受到国家和浙江省政府的表扬和肯定。

一、宣示主权、勇当先锋，积极参与海洋维权巡航任务

近几年来，随着国际形势的风云变幻，海洋权益争端日趋激烈，维权巡航执法任务越来越繁重。为贯彻中央"维权维稳并重"的方针，实现"显示

存在、体现管辖、宣示主权"的目标,并配合外交、军事斗争需要,根据国家海洋局《关于省级海监机构开展海洋维权巡航执法工作的通知》(国海办字[2009]613号),浙江省总队积极组织并参与维权、护渔执法行动,取得了显著成效。

(1)参与钓鱼岛维权巡航。2012年,浙江省总队按照上级的部署,分别于7月和9月,两次派出33001船赴钓鱼岛海域参与编队维权巡航,共计13天,航时234小时,航程2410海里,巡航范围覆盖钓鱼岛及其附属岛屿的周边水域;最近抵离钓鱼岛14海里,排除日方海上保安厅多艘武装巡逻船和海上自卫队巡逻飞机的频繁跟踪干扰和围追堵截。全体人员服从指挥、并肩作战,恪尽职守、克服困难,与日方斗智斗勇,出色完成了维护国家领土主权这一光荣而又神圣的任务,受到了上级的肯定和表彰,国内有关新闻媒体都专门做了宣传和报道。

(2)执行南海"ZS"项目护航。2014年,在南海西沙"ZS"项目施工期间,根据中国海警局的统一部署,浙江省总队抽调7018船、7028船,远航南海参与"ZS"项目护航行动。历时近3个月,总航时3152小时,航程18 294海里,始终担负越方骚扰最严重的西边缘一线区域的观察、警戒和驱赶任务,实施近距离抵近观察800余艘次,近距离喊话和驱赶越南海警、公务船只600余艘次。有关人员克服时间漫长、枯燥乏味、海况复杂、生活不适等困难,圆满完成了这一艰巨任务。

(3)组织开展定期巡航执法。自2010年以来,浙江省总队多次对东海油气田、中日共同开发区等重点海域重点目标实施检查,并组织开展浙江省毗连海域巡航执法,重点加强该省7个领海基点岛屿外侧海域、南麂列岛以东海域、东海油气管道路由海域、国际海底光缆路由海域的巡航监察。据统计,至今共组织开展定期巡航13航次,航程近1万海里。同时,加强军地协同,深化合作机制,多次参加海上军演巡海警戒任务,获得了军方的好评。

二、干在实处、走在前列,不断开创海洋综合执法新局面

浙江是海洋大省,海域面积达26万平方千米,岸线长约6696千米,海岛数量众多,约占全国海岛的40%以上,在全国已成为海洋开发利用和海洋经

济发展最热的省份,特别在2011年国务院先后批准"两区"建设上升为国家战略后,浙江省的海洋经济发展全面进入了快速发展的历史新阶段。面对新形势、新任务、新机遇,浙江省总队干在实处、走在前列,海洋综合执法工作不断开创新的局面。

(1) 全力以赴推进"一打三整治"行动。为修复振兴浙江渔场,保护海洋生态环境,让"东海鱼仓"重现昔日辉煌。在浙江省委、省政府的统一部署下,浙江省总队坚决贯彻生态优先的发展理念,按照"全面、干净、彻底"和"可核查、不可逆"的工作要求,深入开展了以取缔涉渔"三无"船舶为主要内容的"一打三整治"行动,累计取缔"三无"渔船6540艘,查处海上涉渔违法案件1017起,打造了史上"最严执法季",在全国范围引起巨大反响。同时,从影响沿岸和近海海洋生态环境的陆源污染物和船舶油污排放、水产养殖面源污染治理等入手,切实加强监管,严厉打击违法排污行为,有力地保护了海洋生物资源和生态环境。中央电视台、浙江卫视等各大媒体分别做了一系列专题报道和新闻宣传,引起了社会高度关注。

(2) 深入开展"海盾、碧海、护岛"专项执法。紧紧围绕"海洋强省"建设和打造"美丽浙江"的目标,多年来,浙江省总队根据国家局、省局的部署,深入开展"海盾、碧海、护岛"三大系列专项执法行动,重点关注海洋方面的社会热点、焦点问题,探索执法模式,拓展执法领域,破解执法"瓶颈",严厉打击各类海洋违法行为。2012—2014年,全省共查处海域使用案件141起,收缴罚款近3.3亿元,其中"海盾"大案22起;海洋环保案件99起,收缴罚款500多万元,其中"碧海"案件44起;海岛案件21起,收缴罚款800多万元。此外,根据浙江海域水下文物较多的实际,与文物保护监察部门建立了联合执法工作机制。

(3) 切实抓好用海项目"回头看"专项执法工作。为贯彻落实"规划用海、科学用海、集约用海、生态用海、依法用海",规范和整顿海域使用秩序,加强围填海管理及岸线资源高效利用,促进区域用海规划依法实施,浙江省总队进一步加强与海域、动管等部门的联合,关口前移、重心下调,针对全省各地的6000多个已审批用海项目进行"回头看",并通过疑点、疑区交叉排查,共发现未批先建、边批边建、批建不一、超期使用等问题项目50多个,依法督办和查处了一批典型违法用海案件。

三、内强素质、外树形象，努力打造一支执法"铁军"

（1）浙江省总队自成立起，始终致力于推进全省机构组建和规范工作，10多年来，从小到大、从弱到强，到目前已发展成为一支拥有34个层级机构（1个省总队、5个市支队、1个保护区支队，27个县大队）、1186名在编人员、1个省级执法基地、80余艘执法船艇、100多辆执法车辆的海洋执法队伍体系，培育出一批"创先争优"模范单位，如舟山、宁波、南麂保护区等支队，乐清、象山、玉环、岱山等大队，先后被国家、海区评为先进集体。

（2）在党的十八大三中、四中全会提出了依法治国的重大决策背景下，根据浙江省委、省政府的要求，浙江省总队率先垂范、当好"龙头"，围绕"转作风、守纪律、强素质、塑形象"十二字方针，全面开展了执法队伍"教育整顿"系列活动，通过举办"网络学堂"，举行"大练兵""大比武"等活动，紧抓提高执法质量这条主线，牢固树立"敢担当、敢执法、敢碰硬"的"铁军"建设宗旨，以铁的决心、铁的纪律、铁的手腕，带动全省努力打造一支海洋与渔业执法铁军队伍。

浙江省舟山市海洋勘测设计院事迹

舟山市海洋勘测设计院成立于2006年，是隶属于舟山市海洋与渔业局的公益二类自收自支事业单位，主要承担海洋功能区划修编、海洋发展规划编制、海域使用动态监管、海岛调查、海域使用论证、海域使用面积测量、海洋工程环境评价以及海岸工程勘测设计等，为政府管理海洋事务和海洋资源开发提供技术咨询服务。自成立以来，该院始终坚持"技术为先、科研引领、全面发展"的理念，以服务海洋经济发展为己任，以提升技术服务资质和能力为重点，不断带动和拓展技术服务领域，呈现出持续发展的良好态势，从无到有、从弱到强，逐渐发展成为技术服务型、知识密集型和社会公益型于一体的综合型服务机构。

一、提升技术服务水平，助推新区海洋经济发展

进入21世纪以来，舟山积极响应国家海洋经济发展战略，立足自身区位、资源、产业等优势，把发展海洋经济作为推动舟山经济转型升级的主

攻方向和着力点来抓，提出了"以港兴市、工业强市、服务富市"的方针战略，尤其是2011年，舟山被国务院批复成为第四个国家级新区，也是唯一一个以海洋经济为主题的新区，舟山市海洋经济发展进入了一个快速发展的历史新阶段。可以说，舟山市海洋勘测设计院是在舟山发展海洋经济的背景下应运而生的，并始终以助推舟山海洋经济发展为己任，内强队伍，外拓领域，不断提升技术服务水平。短短数年间，该院年产值从成立之初的100多万元发展到现在的2500万元，已成功跻身于国内知名海洋技术服务机构之列；在技术力量、设备配备以及资质水平等方面花大力气、下大功夫，并取得长足进步，有多项工作居全省甚至全国前列。目前，业务范围已覆盖海洋工程、海洋测绘、海洋地质、物理海洋、海洋生物、环境科学、海洋化学、经济、规划、管理等多方面技术服务领域，具备海域使用论证乙级资质、海域使用测量丙级资质、海洋功能区划编制技术证书单位、海岛保护利用规划编制单位、海岛使用金评估单位、无居民海岛使用论证单位、海域评估机构等多项国家和省级资质，现有从业人员53人，其中高级职称10人、中级职称8人，其中有《海域使用论证岗位证书》获得者33人，海洋环评上岗证获得者5人，海域使用评估上岗证获得者3人。近年来，不断拓宽业务服务领域，相继成立了宁波工作站、嘉兴办事处、温州办事处、台州办事处，业务网点已遍及全省沿海5个地市。2014年，4个办事处创业务产值达500万元以上。业务拓展包括：水深扫测、泥沙调查、水文调查、填海工程动态监测、海域使用价值评估和无居民海岛规划编制、方案编制和无居民海岛使用论证等技术咨询服务。2014年，先后承担了《浙江省海洋功能区划》（舟山

海域）调整修改、舟山市与两县（区）及嘉兴、温州瑞安等地市的海洋功能区划修编、海岛保护规划编制工作。在项目工作管理中，始终把质量放在第一位，严把质量关，严格遵守国家的法律法规和海洋管理方面的各项规章制度，在管理方式上依法履行合同约定和行业规定，纪律严明，做到产权清晰、权责明确、政事分开、管理科学。自该院成立以来，未发生重大安全、质量等责任事故，在业界树立了良好的口碑。

二、加强政策理论研究，丰富海洋管理理论体系

（1）促进全市海域海岛规范化、市场化管理。先后推动《舟山市"海域使用权证"换发"土地使用证"有关事项的通知》《舟山市海域使用权抵押融资试行办法》《舟山市海域使用权出资抵押办法》《舟山市"海域使用权"直通车的办法》《舟山市海域海岛生态修复资金监管办法》等多项政策、制度的出台，进一步理顺和规范了海域、海岛管理体系，进一步夯实和强化了海域使用权的物权价值，进一步推动和促进海洋资源的市场化配置机制的形成。

（2）丰富全国海洋管理理论体系。自成立以来，该院圆满完成了多项国家和省、市海洋技术研究工作，为海洋管理理论体系完善做出了积极贡献。同时，积极组织横向合作，运用培训、外聘、引进等手段，与具有雄厚技术

力量的国家海洋局第二海洋研究所、浙江海洋学院、浙江省海洋水产研究所等资质单位合作，不仅在海域使用论证方面，而且在海洋工程环境评价、水动力数值模拟分析和海底地形测量等多方面开展合作，以此促进自身业务水平的提高，又积极拓展新的合作模式与业务领域。据统计，截至2014年，该院已完成国家、省、市课题40余项，得到国家海洋局、浙江省海洋与渔业局的充分肯定和认可。如：完成《浙江省海底电缆管道调查》，为浙江海底电缆管道工程实施打下扎实的基础；2011年完成的《舟山市无居民海岛权属调查及评估》为无居民海岛的管理提供了技术支撑。

（3）扎根海岛一线地区，夯实海洋基础信息。全院近年来承接大量海洋基础性课题，调查摸清海洋、海岛本底数据，为新区发现夯实基础信息。如2010年，承接了国家海洋局"舟山市海岛地名普查"工作任务，开展了定海区、岱山县、嵊泗县海岛地名调查工作，在克服恶劣的海况条件、艰苦的生活条件和调查任务繁重的情况下，率先完成普查任务；普查成果得到国家海洋局的通报表彰。又如：联合浙江省第一测绘院完成了《舟山群岛图集》的测绘编制工作，该图集以最新的电子地图、卫星遥感影像数据、数字高程模型等地理空间数据为基础，是舟山市第一部全面、直观、形象地反映全市海岛自然资源和地理环境、经济社会发展现状及周边环境概况的大型综合性图

集，对深入推进海洋综合开发，实现海岛资源的科学规划利用和保护具有重要意义。

三、积极投身社会公益事业，收获社会"红利"

近几年，该院在积极拓展业务领域、提高单位经济实力的同时，把积极参加各项社会公益事业纳入到院文化建设之中，与员工同心同力，既增强了员工对院文化的认可，同时也培养了员工的社会责任感和使命感，用实际行动，向社会展示了有责任感的社会形象。如开展结对扶困活动，与民工子弟幼儿园建立结对关系，适时、合理给予一定的帮助，促进幼儿园健康发展；走访渔区贫困学子，并与一户丧失劳动力、家境困难、孩子尚在求学的家庭为帮扶对象，帮孩子圆"上学梦"。又如组织党员同志踊跃参加"双角色双争优"志愿服务活动，积极为社区贫困户（五保户）捐款、捐物，认领、征集"微心愿"活动，结对帮困，热心帮助解决一些实际困难，赢得广泛赞誉。

福建省福州市海洋与渔业局事迹

福州市海洋与渔业局核定编制35人，现有33人，机构规模为正处级，系福州市政府成员单位的行政机构。历年来，福州市海洋与渔业局在上级业务部门的精心指导和本级政府的正确领导下，坚持以科学发展观为指导，围绕"规划用海、集约用海、生态用海、科技用海、依法用海"的海洋管理要求，结合福州海洋资源优势和海洋经济基础，积极吸纳国家、省、市兴海政策，主动融入福州新区开放开发，在更高起点上加快建设"海上福州"，打造福建海峡蓝色经济试验区的核心区。2013年，全市海洋经济总产值2181.84亿元，占全省30.6%，较2011年的1539.47亿元增长41.72%。多项工作走在全国同类城市前列：

（1）全面加强海洋综合管控能力。围绕"规划用海、集约用海、生态用海、科技用海、依法用海"的海洋管理要求，不断提升海洋综合管理能力。编制出台《闽江口用海规划》《福州市海域采砂临时用海规划》等海洋相关规划，组织开展新一轮市级海洋功能区划修编工作，为海洋经济发展提供导向。积极推动福州市委、市政府出台《关于在更高起点上加快建设"海上福州"的意见》及配套政策措施；市政府与福建省海洋与渔业厅签订《关于推进福州市在更高起点上加快建设"海上福州"战略性合作框架协议》。积极推动长乐国家海洋公园建设。

（2）海洋资源市场化配置工作有效推进。

先行先试，逐步推进海域采砂临时用海和养殖用海市场化配置工作，开展房地产、旅游和无居民海岛等市场化配置工作试点。成功出让了福建省首例填海项目使用权——连江县晓澳镇百胜村安置小区和公共服务配套项目海域使用权，迈出了福州市探索海域资源市场化配置的重大一步。罗源滨海新城配套游艇码头项目和二号游艇码头项目用海成功挂牌出让，开创了福州市实施旅游用海招拍挂工作的先例。同时积极探索成立海域收储中心，建设海洋资源市场化配置平台，探索研究差异化海域使用供给政策，促使实现海域使用权合理流转。

（3）海洋环境保护工作成效显著。编制实施《福州市海洋环境保护规划》，不断强化涉海工程监测监管，多方位开展海洋环境综合整治工作，每年开展增殖放流活动不少于10场，取得了良好的社会和经济效益。注重海岛开发兼顾保护。编制《福州市无居民海岛保护与利用规划》，为无居民海岛永续利用和生态修复提供了依据。有序开发利用无居民海岛，全面完成福州市海岛地名普查登记和名称标准化工作，在福建省率先完成171个海岛名称标志设置。连江洋屿滨海综合旅游用岛项目通过福建省政府审批并已确权登记，成为省内第一个旅游开发的无居民海岛，为全国、全省无居民海岛使用积累经验。

（4）积极强化海洋服务平台。一是吸纳政策扶持，促成福建省海洋与渔业厅和福州市政府签订了《关于推进福州市在更高起点上加快建设"海上福州"战略性合作框架协议》。二是增强金融支持,与民生银行福州分行签订《推进福州市海洋产业发展战略合作框架协议》,明确在3年内为福州市海洋产业提供不低于100亿元人民币的金融支持。着手与海峡银行、农业发展银行合作,组建海洋经济金融部,加强信贷力度,推进海洋产业发展。三是强化科技支撑。福州市海域动态监管中心成为福建省内首家获得海洋测绘资质的市级监管中心,为福州市海域动态监视监测工作的开展奠定了基础。成立福州市海洋经济运行监测与评估中心,为加强海洋经济数据跟踪分析与评估,提升海洋经济管理决策的科学化水平提供了技术支撑。

(5)拓展海洋经济交流合作。一是大力培育高端海洋装备、海洋生物医药食品、海洋工程材料三大海洋新兴产业。二是促成福州市与福建省海洋与渔业厅共建闽台(福州)蓝色经济产业园,规划65平方千米,建设以涉海高新技术产业、海洋战略性新兴产业和现代海洋服务业为支撑的滨海城市新区和蓝色经济密集区,打造福州特色的海洋经济蓝色硅谷。三是积极弘扬"海丝"精神,大力发展远洋渔业,加快远洋渔船更新改造,鼓励远洋渔业资源调查和渔场探捕,积极拓展远洋渔业捕捞和境外海水养殖。目前,福州拥有

远洋捕捞船425艘，占全国17.8%，产量占全国16.7%；境外捕捞配套基地7个，境外海水养殖基地4个，遍布太平洋、印度洋、大西洋和东盟、非洲、南美洲等沿海国；建立中国-东盟海产品交易所，福州已成为国家级远洋渔业集散基地，是贯彻落实海洋强国战略部署，打造海上丝绸之路枢纽城市的重要载体。

（6）大力提升公众海洋意识。成功举办2014年"6·8世界海洋日暨全国海洋宣传日"主场活动和"蛟龙"号载人潜水器福州开放日活动，开展了包括"海丝情·中国梦——2013年度海洋人物"颁奖仪式、"海上丝路——过去和现在"图片展等一系列群众喜闻乐见的海洋主题宣传活动。兼任《中国海洋报》常务理事，与《福州日报》合作开辟了海洋通讯专栏，通过群众参与、媒体宣传，多层次、多渠道开展海洋知识科普，弘扬海洋文化，营造全民"关心海洋、认识海洋、经略海洋"的良好氛围，共同推进建设"美丽福州，美丽海洋"。

（7）获得多项荣誉。近3年来，先后荣获"海洋渔业执法先进单位""东海区海洋科技兴海先进单位""福州市创建全国文明城市工作先进单位""市级单位党建工作先进单位""福州市直机关先进基层党组织"等20多项荣誉称号。

福建省海洋预报台事迹

福建省海洋预报台成立于2009年5月，是福建省海洋与渔业厅下属正处级事业单位。在国家海洋局、东海分局的具体关心支持下，紧紧围绕着服务海峡西岸经济区建设和海洋经济强省建设，始终以"预报减灾为人民、优质服务创一流"为宗旨，不断加强政治理论和专业知识学习，进一步提升业务能力，履行海洋观测预报职能，为促进福建省海洋观测预报事业发展、提高海洋防灾减灾水平做出积极贡献，也为全国海洋观测预报事业提供借鉴。

一、构建全国领先的区域性海洋环境立体实时观测网

通过"十五""十一五"国家"863"计划项目的支持，加上福建省自身投入，该海洋预报台已在台湾海峡及毗邻海域构建了面向需求、业务化运行的、军民兼用的海洋环境立体实时观测网。目前在位运行的有5套

大浮标、14套生态浮标、1套中程高频地波雷达、2套海床基监测系统、1套卫星遥感接收系统以及14个自动验潮站，是目前国内先进的、运行时间最长的区域性海洋环境实时立体监测示范系统，实现了在空中、沿岸、海面到海底等多方位对海洋水文动力环境、生态环境的实时观测，观测要素达26项，获取的数据不仅应用于海洋防灾减灾预警报和政府防灾决策，而且应用于海洋预警报应用系统的模型同化，有效提高预警报精度；同时，也为国家海洋观测预报和台湾海峡国防安全保障提供了有力的数据支持。沿海的辽宁、山东、江苏、上海、浙江、广西等省区先后来学习、借鉴有关建设经验，也为推动海洋观测事业的发展起到了积极的作用。该系统荣获中国海洋工程科学技术一等奖。

二、率先建成区域性海洋防灾减灾一体化业务链

在台湾海峡及毗邻海域立体实时观测网的基础上，搭建监测信息服务技术系统，并针对海堤漫堤风险、养殖区及海水浴场赤潮风险、海上沉船、落水人员搜救、溢油扩散等政府海洋防灾重点关注目标，研发了风暴潮漫堤预警、海上突发事件应急辅助决策、赤潮生成条件预测等决策支持系统等，为海洋防灾减灾提供决策支持，形成从海洋环境实时观测、数据接收处理、信息产品制作到防灾决策支持的完整的、一体化的业务链，该项成果荣获福建省科学技术奖二等奖。近几年，该成果在全省防台风抗台风、防范海洋赤潮灾害、海上搜救、海洋预警报、海上军事保障等方面发挥了积极作用，社会效益明显：一是将所有观测数据通过VSAT双向通信系统或专线实时传输给国

家海洋局系统和军方，为国防安全提供有力的数据支持；二是在台风和冷空气影响期间，科学预判台风移动路径、速度、强度变化，提出对海上渔船、渔排和沿海低洼地带人员进行分时段、分区域、分批次的转移意见，为政府海洋灾害防御提供决策支持；三是与福建省海上搜救中心联动，为32起海上事故提供落水人员漂移轨迹预报，共救起198人；四是开展渔业气象预报、重点保障目标精细化预报以及"海峡号"航线保障预报的专项服务，服务海洋经济建设；五是通过电视、传真、短信、手机PDA、网站、广播、LED显示屏等发布海洋环境预报和灾害预警报，服务全省沿海民众。

三、党建和精神文明建设颇有成效

预报台是个年轻的队伍，十分重视党建和精神文明建设。坚持以邓小平理论、"三个代表"重要思想、科学发展观为指导，认真贯彻落实党的十八大和十八届二中、三中、四中全会精神，扎实有效开展党的群众路线教育实践活动和社会主义核心价值观学习教育。结合"学厦航，打造优质软环境"和学习先进典型，组织开展预报技能竞赛、青年读书沙龙、心理辅导讲座、参观考察、下基层访民情、资助困难学生以及中秋联欢会等丰富多彩的实践活动，营造积极向上、严肃活泼的单位文化。在全台干部职工的共同努力下，先后荣获国家、省部级各类奖项15个，主要包括福建省委授予的"全省创先争优先进基层党组织"、国家科技部授予的"十一五科技计划执行优秀团队"、国家海洋局东海分局授予的"东海区防灾减灾先进单位"、共青团福建省委授予的"省级青年文明号"等荣誉称号；还取得赤潮灾害预警系统V1.0、风暴潮漫堤预警辅助决策系统V1.0、卫星遥感信息反演软件V1.0和海上突发事件应急辅助决策系统V1.0共4个软件著作权证书。

山东省东营市海洋环境预报中心事迹

东营市海洋环境预报中心（东营市海洋预报台），以邓小平理论、"三个代表"重要思想、科学发展观为指导，认真贯彻落实党的十八大、十八届三中、四中全会精神和"海洋强国"战略部署，以实施"黄蓝"两大国家规划为统领，大力开展精细化海洋预报及多媒体发布业务，社会服务能力得到全面提升，达到国内地市级领先水平。

一、注重能力建设，奠定工作基础

（1）建设国家标准海洋自动观测站。合理布局、建设海洋观测站，并接

受北海标准计量中心每年进行的设备检定与校准，实现海洋观测工作标准化运行。近年来先后投资600多万元建设了东营港、青东5海洋站。东营港海洋站于2009年正式投入运行，涵盖风速、风向、气温、气压、湿度、降水、潮汐、水温、盐度和波浪共十项要素的实时观测，该站于2011年被正式纳入国家海洋观测网。青东5海洋站基础建设和设备采购已全面完成。根据现有海洋资料分布情况，还在资料空白区域新增广利港、新户两个海洋站。目前已完成广利港与新户海洋站选址及建设方案设计工作。

（2）打造国内地市级先进海洋预报台。为提升业务水平和服务能力，满足发展需求，中心不断完善预报平台建设，先后投入1000余万元进行业务系统建设。建有1000余平方米的观测预报业务室，先期投入300余万元建设了VSAT通信、卫星云图、视频会商、声像制作等系统，并分别通过专线与北海预报中心、油田气象台实现资源共享。2014年，投资700万元对预报台进行软硬件系统升级改造，主要包括海洋观测动态监控平台、海洋预报应用平台、海洋资料数据库开发、高新技术应用、声像制作、预报演播等，新系统于2015年年底正式运行。

（3）研发高新技术，完善预报技术手段。为提高业务化预报的精准程度，弥补经验预报不足，2013年起研发东营海域精细化数值预报模型，已完成气象WRF、海浪SWAN、风暴潮FVCOM等模块研发工作，正在进行海流ROMS、海冰、溢油等其他9个模块研发。

（4）引进专业人员，加强人才队伍建设。为切实开展好海洋观测预报工作，先后引进大气科学、物理海洋等专业人员近10名，并分批次派到北海预报中心及所属海洋站进行3个月左右的业务学习。技术人员均取得国家海洋标准计量中心颁发的海洋检/监测资格上岗证。确保拥有一支业务素质高、技术力量强的海洋观测预报和科研队伍。

二、健全业务体系，提高服务水平

（1）规范化开展观测工作，为海洋预报奠定有效的数据基础。一是建立观测值班制度。要求值班员按小时分别记录水文、气象、波浪等要素，并进行海洋站到报资料校核；二是建立巡视维护制度。每月2日、17日，对海洋站进行巡视。包括观测要素比对、电力故障排查等，保证到报数据的准确性和连续性；三是建立数据上报制度。每月初生成海洋站资料月报表，上报北海预报中心及国家海洋环境预报中心；四是建立检定校核制度。每年进行设备检定及海洋站基准点及校核水准点测量，确保数据的准确性；五是建立灾害应急制度。从2009年开始连续5年开展东营海域海冰监视监测，并发布海冰冰情报告，尤其在2009—2010年度，东营遭遇40年一遇的重大海冰灾害，中心开展了海冰定期及应急巡视监测，第一时间向公众传递最权威、最准确的海冰灾情信息，为全市防冰抗灾工作提供了技术支撑。

（2）业务化做好预报工作，为社会公众提供有力的技术服务。东营市海洋预报台是山东省地市级海洋预报台中首家独立开展近海海洋环境预报的机构。拥有专业技术人员，能独立开展东营海域预报会商工作。每天发布一期海洋预报，预报时效为当日20时至次日20时，预报内容涵盖渤海和黄海北部海浪预警报及刁口港、东营港、黄河口、广利港4个人群密集区域的浪高、潮位、潮时、水温预警报。此外，为"2014年东营溢油演练""海盾"执法检查月巡、近海生态调查等工作提供专项服务，仅2014年就提供此类服务80余次。

（3）全面做好预报产品发布，确保社会公众快速便捷获取预报信息。2011年5月以来，中心通过"海上东营"网站和东营市政府网站连续发布东营市海洋环境预报及灾害警报1300多期，为涉海工程和广大企事业人员提供了有效的保障服务。为扩大信息覆盖范围，提供更有效的海洋防灾减灾服务，海洋预报近期在东营市广播电视台播发。

三、创新运作模式，促进业务发展

（1）借助政策优势，实现管理共享。根据国家海洋局共建、共用、共管精神，由东营市人民政府同国家海洋局北海分局共建东营市海洋环境预报中心。通过共建，发挥中央与地方各自优势，不断推动中心台站建设。尤其通过信息互通平台，实现了国家与地方信息共享，不断增强、增大了信息资料的质量和数量，大大提高了东营市海洋环境观测预报能力。

（2）探索"校地结合"，实现人才共享。搭建校地合作共赢平台，与中国海洋大学共建了教学与科研实习基地。发挥高校科研、技术、人才在海洋观测预报方面的优势，促进中心业务发展，同时为在校生提供良好的实践场所和平台。2012年始，以中国海洋大学技术支持在全球数值预报模型基础上，研发东营海域精细化数值预报模型。

（3）采取"油地合作"，实现资源共享。为更广泛地采集东营市海洋观测资料，避免重复建设，中心与胜利油田气象台签订协议，共享其8个海洋站数据资料。通过资源共享，实现了对东营辖区内海洋站历史资料和实时资料的有效采集，为海洋防灾减灾工作提供了大量基础数据。

东营市海洋与渔业事业进入了加快发展、全面发展的新时期，对海洋观测和灾害预警报工作提出了更高要求。东营市海洋环境预报中心在致力于提高海洋观测和预警报业务能力的基础上，不断坚持与时俱进，转变工作作风，创新工作模式，拓展工作思路，满足海洋事业发展需求，在全国海洋防灾减灾事业中起到辐射带动作用。

中国海监威海市支队事迹

威海海岸线长986千米，管辖海域1万多平方千米，海洋监察执法任务艰巨。近年来，中国海监威海市支队围绕蓝色经济区建设的中心任务，强化"创一流业绩、建一流队伍"的理念，不断加强和改进海洋监察执法工作，为海洋开发管理保驾护航，有力地促进了海洋事业发展。2013年，威海市主要海洋产业实现增加值850亿元，占国内生产总值的32.9%，为山东省最高。威海成为"全国唯一的全市域被评为全国海域使用管理示范区和海洋生态文明建设示范区"的城市。同时，该支队也先后荣获"中国海监优秀执法示范支队""全省海洋与渔业系统先进集体""全省海洋与渔业文明执法窗口单位"等荣誉称号。

一、坚持履职尽责，不断提升海监执法执行力

严密组织"海盾""碧海"、海岛保护执法行动，健全完善"日常巡查—重点布控—技术监控—协管员"四位一体执法管控体系、联合办案机

制、海洋违法案件举报奖励三个举措，海洋执法监察工作成效显著。

（1）规范海域使用执法。一是开展重点区域养殖用海整治。自2012年9月开始，全力推进威海湾海域养殖设施清理整治工作，与各区及相关部门协调联动，加强巡查与管控，加快清理拆除进度，累计清理养殖筏架近30平方千米，拆除网箱近2万个、生产看护房及平台1000多个。同时加强对东部滨海新城和初村北海附近海域养殖用海的巡查管控，拆除养殖筏架约2.3平方千米。二是加强围填海项目执法监管，对报批的项目及时进行审批前现场检查，强化源头防控，并组织开展围填海专项执法。近两年共检查项目159宗次，立案查处海洋违法行为34起，非法围填海案件明显减少。

（2）规范海洋环保执法。一是强化项目跟踪监管，采取定期和不定期检查相结合的方式，督促施工单位严格执行"三同时"①制度，将用海项目对环境的负面影响降到最低。近三年全市100多宗海洋工程项目环境影响评价和"三同时"执行率、环保设施验收合格率均达到100%。二是开展以查处盗挖海砂、非法倾废为重点的专项执法，通过查处"1·13"盗挖海砂案等一批大案要案，使盗挖海砂的疯狂势头得到了根本遏制。三是加大海洋生态损害案件查处和索赔，先后查处"阿夫拉托斯"号、"世纪之光"号两起货轮碰撞事故溢油污染海洋环境案件，第一时间启动应急预案，开展现场监测、控制污染、收集证据、诉讼索赔等工作。目前，"阿夫拉托斯"号溢油案诉讼索赔已审结，法院依法裁定肇事方赔偿347万元；"世纪之光"号溢油案一审也已审结，被告赔偿威海市损失3800多万元，国家海洋权益得到有效维护。

（3）规范海岛保护执法。组织对全市所辖海岛开展普查，全面掌握海岛的数量分布、资源环境、开发利用及自然变化等情况，建立电子化海岛监管档案，做到"一岛一档"；坚持海岛定期巡查和报告制度，每月至少巡查一

---

① 指建设项目中防治污染的设施，应当与主体工程同时设计、同时施工、同时投产使用。

次，组织对86个重点海岛进行登岛检查，拍摄照片780张、视频215分钟，建立档案86份，编辑出版了《中国海监威海市支队海岛执法图集》，得到了上级和有关部门的充分肯定。

经过努力，近年来的巡查海域覆盖率、新上项目检查率、违法行为发现率、违规案件处理率等均达到"百分之百"，海洋违法案件发案率呈逐年下降趋势。

二、坚持开拓创新，不断提升海监执法创造力

紧密围绕服务发展大局，坚持以制度完善、执法创新为驱动，以执法巡查、动态监控、执法考核为保障，严格依法管理，加大监督力度，做到"四个率先"：

（1）创新海岸带执法巡查。在全国率先出台了《关于加强海岸带管理与保护的意见》和《威海市海岸带执法巡查办法》，将市区海岸线划分为12个岸段，细化落实到具体执法人员，并签订责任状，建立起以海监为主体、各相关职能部门密切协作、联合执法的工作格局。打造监管平台"两条线"，即在市区近海养殖禁养区外侧布设海监浮标，建设海岸带视频监控信息系统，实现全市岸线海域实时动态监控全覆盖。加大巡查频率，做到陆地巡查每周至少2次，先后发现并查处违法违规行为28起，协调移交林业、城管等部门处理违法行为5起，盗挖海砂、乱堆乱放等破坏海岸带生态环境违法行为得到有效遏制。

（2）创新沿海沙滩管护。在全国率先出台了《威海市沙滩保护管理办法》，制定了《市区沿海沙滩管护工作实施方案》，集中开展沙滩整治，建立了专业的沙滩保洁管护队伍，定期考核日常保洁情况，对周围单位实行"门前三包"。严格落实巡查责任，对重点部位实施24小时值班巡查监控，先后与公安等部门联合查处破坏沙滩环境行为11起。同时先后投资1亿多元实施九龙湾、小石岛湾等岸线修复项目，补沙26万立方米，修复沙滩35万平方米，恢复了沙滩生态原貌。

（3）创新渔业环境综合整治。在全国率先出台《水产养殖场渔港码头环境卫生管理规范》，明确具体的环境卫生标准、管理标准和措施，推行分级管理，并对600多处水产育苗场、养殖场和200多处渔港码头进行集中整治，育苗场、养殖场、渔港码头"脏乱差"的局面得到了明显改观，得到国家海洋局、农业部渔业局等部门的高度评价。

（4）创新市民游客亲海管理。在全国率先出台了《关于规范市区近岸海域养殖管理保障市民及游客正常亲海活动的通告》，将市区岸线划分为完全开放、限制开放和不开放三类区域，通过建立亲海保证金制度、设立亲海通告牌、公布举报电话、约谈相关企业负责人、重点时段现场巡查等方式，有效保障群众正常的亲海活动，累计处置亲海纠纷投诉120多起，亲海纠纷逐年下降，构建了和谐的用海与亲海关系。

三、坚持优质服务，不断提升海监执法保障力

始终站在讲政治、顾大局的高度，勇挑重担，敢打硬仗，冲锋在前，在急难险重任务中发挥了重要保障作用。

一是组织参加了2011年渤海蓬莱19-3油田溢油事故应急处置、烟台—大连海底光缆巡护专项执法等任务，历时近100多天，圆满完成上级赋予的各项任务，受到了北海分局和山东省海监总队的多次表扬。

二是连续多年全力保障中国威海长距离铁人三项锦标赛及亚洲和太平洋地区霍比级帆船锦标赛等国际赛事，组织人员清理整治赛场附近海域环境，确保了赛事活动的顺利进行；

三是组织参加甲午战争120周年研讨会和海上祭奠仪式的外围警戒工作，加强巡查警戒，赢得了有关部门和军队的好评。

四、坚持自身建设，不断提升海监执法战斗力

一是加强制度建设。健全完善工作制度44项，规范日常管理、执法办案和执法行为，落实执法责任制，推行海监执法职权网上公开运行，自觉接受社会监督。

二是加强素质建设。始终把思想政治教育摆在突出位置，加强干部职工思想教育，增强了队伍的凝聚力和战斗力。通过专项培训、岗位练兵、军事训练和"传、帮、带"等多种形式，着力提高岗位执行力。

三是加强装备建设，着力推进600吨级维权船、100吨级海监船、海监执法指挥中心和海监执法码头4个重点项目实施。综合保障能力在省内乃至全国地市级海监队伍中居领先地位。

广东省湛江市海洋与渔业环境监测站事迹

湛江市海洋与渔业环境监测站（原名称为"湛江市渔业环境保护监测站"，以下简称"监测站"）是1994年10月经湛江市人民政府批准成立的正科级事业单位。2003年7月，在原湛江市海洋与渔业环境监测站的基础上，加挂"湛江市渔业质量监督检验站"牌子。2007年3月，进入国家海域使用动态监视监测管理系统，加挂湛江市海域使用动态监管中心牌子。

近年来，在湛江市委、市政府的正确领导下，在国家海洋局和省、市海洋渔业局的支持指导下，通过全站干部职工的共同努力，监测站各项业务工作成绩显著，为湛江市海洋经济的大发展贡献自己的一份力量。

一、全力以赴，为涉海重大项目提供技术服务

湛江是个海洋大市，近年来，随着湛江经济的崛起，多个涉海重大项目

落户湛江市。监测站充分发扬能干、肯干、敢干的精神，积极为企业提供用海调查评估等优质服务，为社会经济的和谐发展做出了应有的贡献。据不完全统计，共完成了20多个重大项目的用海调查和评估，调查评估面积累计已达173.3平方千米，为政府和众多的涉海企业节约开支约3.1亿元。

二、认真细致，出色完成常规监测任务

湛江海岸线长达1243.7千米，占广东省海岸线长的33%。由于湛江市在县一级没有设置海洋监测站，因此，市级监测站承担的任务十分艰巨，监测站位达245个，监测项目达上百项。监测站克服工作人员少的困难，加班加点，年出海达800多个航次，为国家及广东省海洋与渔业主管部门提供2万多组监测数据。每年都出色完成国家海洋局、广东省海洋与渔业局下达的海洋环境监测任务。

三、跟踪监测，为鹤地水库整治工作提供数据支撑

根据2013年5月16日湛江市政府组织召开的鹤地水库环境综合整治工作会议精神，监测站从2013年5月20日起，每周对鹤地水库水环境和藻类情势进行一次跟踪监测工作。至2015年1月，完成了近百余次的监测工作任务，取得了显著的研究成果，为水库环境的治理提供了强有力的数据支持。

四、不惧辛劳，服务当地项目，维护生态建设

同时，监测站承担的涉海调查工作主要有湛江电力有限公司煤码头改建、东海岸观海长廊湛江奥林匹克体育中心段亲水沙滩浴场、东海岛铁路通明特大桥段、湛江市观海路（广州湾大道）建设、调顺西南角的沙湾海岸线整治吹填、龙王湾避风塘至白沙海域底播贝类增养殖品种调查评估等工程。并编制多本调查评估报告书提交各委托单位，为工程的顺利实施争取到最宝贵的时机。

监测站本着肯干、实干的态度，使得以上项目得以顺利进行和完成，为涉海企业的科学发展提供了优质服务，助其节约了宝贵的时间和资金；为生态建设提供了可靠的数据资料，为湛江"蓝色崛起"贡献应有的力量。

五、工作新常态，无人机的投入使用

海域使用动态监管是监测站的工作重点，为进一步加强工作能力和提高工作效率，监测站作为广东省所有环境检测系统中唯一一家单位，率先购入

无人机。自完成无人机试飞至今，共计实施无人机监测飞行作业七架次，安全飞控里程达378.5千米，监测面积约40.2平方千米，完成了多个监测项目。无人机的使用进一步完善了海域使用动态监视监管系统，从而提高海域动态监视监测水平，促进海域规范科学管理、实现开发与保护和谐发展，提升海域使用监控能力并扩大监管覆盖范围。

中国海警3111船事迹

中国海警3111船（以下简称"3111船"）是隶属中国海监广东省总队的千吨级执法公务船，承担对外维护国家海洋权益、对内维护海洋开发秩序的职责。2013年6月25日入列中国海监广东省总队直属一支队，驻地为汕头市潮阳港，全船在编人员24人。入列以来，3111船全体人员坚持以科学发展观为指导，以"铁的纪律，优良的作风和强悍的执行力"为要旨，团结一致，勇于拼搏，不畏艰难，开创了维权执法新局面。主要事迹如下：

一、凝心聚力，打造善战队伍

3111船队伍组建初期，人员来自五湖四海，平均年龄较小，思想一时难以统一。在广东省局、省总队和支队的正确领导下，在弘扬海洋精神的氛围中，深入开展队伍建设活动，拉近干群距离，在维权执法中互帮互助，建立

同事友谊，营造了严谨、活泼、团结的环境，构筑了团结奋进的善战队伍。船上组织开展了第二批党的群众路线教育实践活动，广泛听取群众意见，发挥党员先锋模范作用，提高了为民服务的能力；队伍人员参与海监网络教育课程，参加第二期海洋维权执法业务培训班，培养后续执法队员，有效提高了普通船员综合素质；定期组织内部学习交流，紧跟形势发展，加快知识更新，增强凝聚力；认真落实中国海警体能训练规定和中国海监礼仪规定，组织体能军事训练，增强体质，提高团队的战斗力，打造了一支团结善战的队伍。

二、勇担使命，捍卫祖国权益

3111船入列以来，根据国家统一部署，在南海维权指挥部、广东省总队和直属一支队的领导下，开展海洋维权执法工作。经过一年多的发展，3111船的维权执法工作从无到有，从专项任务转变为常态化工作，已顺利完成钓鱼岛专项巡航维权任务1次和南海巡航维权任务8次，航行轨迹跨越东海、南海，航行里程20 960海里，航行时间2117小时，海上执行任务天数达到205天，在驻守仁爱礁、守卫黄岩岛、保护琼台礁和支援钓鱼岛维权等重要任务中做出了突出的贡献，得到了国家海洋局、农业部和广东省委、省政府的高度肯定。

1. 远洋出击，维护海岛主权

祖国的南海广袤无边，南康暗沙位于南沙群岛南部，是新加坡至马尼拉的"巴拉望航道"必经之地，其中的琼台礁是中国最南端的陆地国土，地理位置相当重要。3111船两次参加该海域维权巡航执法任务，航程跨越18个纬度，全速行驶从出发至到达目的地需要3天2夜，航渡期间长。不仅人员身体承受船体横摆和纵摆的颠簸且由于远离祖国大陆，后援战线太长，船上人员心理也承受着巨大的压力。但在船上指挥员的鼓舞、关心和思想引导下，全体人员坚持奋战在各自的岗位上，工作热情保持高涨。如船上大厨韩南雄在巡航过程中，做饭时晕船，呕吐反应强烈，但依然坚守岗位，按时按质为船上人员准备好饭菜，保障全体人员饮食。机舱维护维修任务重，轮机部连续加班，机工魏国宝不慎被扳手打断两颗门牙，经简单处理后，依然坚持完成任务。在全体人员的共同坚持和努力下，3111船不仅完成对马来西亚非法油气平台和琼台礁的抵近观察，还对搁浅的菲律宾客轮"罗兰2"号进行了一系列现场监视取证工作，并观察记录外籍军舰、武装船舶、渔船和外国飞机等，圆满完成了既定任务。

2. 勇于斗争，捍卫蓝色国土

在维权巡航过程中，有些海域发生的对抗比较激烈，存在着风险大，形势多变，甚至船艇可能短兵相接的情况。3111船并没有船载武器，但船上人

员敢于斗智斗勇，针对各种可能发生的情况，都做好应急预案准备；每个航次都利用航渡时间组织对紧急情况进行预练演习，所有人员在自己的位置上保持精神高度集中，按照方案执行。如在钓鱼岛周边，3111船在指定海域执行日常巡航工作时，日方海上保安厅公务船倚仗吨位和机动性能优势，采取盯梢和压制的策略，一直对3111船进行跟随、抵近和监视，最近时两船相距只有三百多米。3111船全体人员沉着应战，执法人员第一时间将发现的情况上报指挥部，及时运用执法设备对日方公务船展开拍摄取证、记录等工作，同时驾驶人员与日船展开周旋，既保障了航行安全，又出色完成了巡航任务。在南康暗沙海域对马来西亚的侵权行为进行侦察监控时，马方先后派出公务船、军舰和军用飞机对3111船进行立体施压。在受两艘军舰近距离夹围的情况下，3111船准备充分，指挥员指挥得当，船上人员坚守岗位，从容应对，坚持斗争，依然按照既定方案开展观察取证，圆满完成了既定任务，捍卫了祖国的海权。

3. 不畏艰辛，驻防海上堡垒

3111船已执行的9次维权巡航任务中，有4次任务是在仁爱礁海域保持中国海警力量常态化存在，对菲律宾坐滩仁爱礁北端的军舰进行监视取证，观察目标较为单一。仁爱礁周边海域平均水深达2000多米，没有锚泊点，夏、冬两季经常遭遇大风浪，摇摆度超过15度，高温、高湿、高盐，自然条件恶劣。即便如此，4个航次，80多天里，3111船全体人员任务目标明确，扎根"深蓝"，发挥主观能动性，在工作上密切配合，在生活上互相关心，缓解浪涌带来的不适感，战胜艰苦的环境。大家合理安排作息时间，开展船上文体活动，克服单一枯燥的海上生活，同时保持对观察目标的高度警觉，随时做好取证和记录。为期80多天的全程漂航中，3111船甲板部和轮机部都能做到24小时无间隙轮班，没有一个班次出现差错。出海期间，全船人员以3111船为海上战斗堡垒，用铁的纪律，优良的作风和强悍的执行力，顶住了风浪，战胜了"三高"，在该海域做到了长期的驻防值守。

三、奉献青春，铸就海疆卫士

在广东省海洋与渔业局、省总队和直属一支队的正确领导下，中国海警3111船全体人员工作积极性得到极大的激发，然而因为维权任务持续时间长，任务下达频率高，年轻的船员们普遍存在婚姻和家庭的问题：或是到了谈对象的年龄，或是要照顾老人，赡养子女等。但在顾小家还是为国家的选择题上，他们无一不是选择了为国家，舍小家，奉献自己的青春。在9次维权巡航任务中，船上涌现了一批先进人物和事迹：如船长吴列明，工作严谨，安全意识强，技术精湛，每次带船出海都出色完成任务；政委林俊强同志的母亲八十多岁高龄，女儿在外读书，仅妻子在家打理事务，仍义无反顾地多次随船出海执行任务；船上大副马宪吉同志的妻子刚生下小孩不到一周，二副曾小兵同志刚结婚不到两星期，他们接到任务后都先放下自己的小家庭，坚决服从命令，立即做好准备，出海执行任务。正是因为中国海警3111船全体人员有这种心往一处想、劲往一处使的态度，不畏海上艰辛、甘于奉献青春的精神，才保证了每次巡航任务能顺利完成，铸就了这批海疆卫士的使命光荣。

由于中国海警3111船全体人员出色的表现，2014年3月19日，广东省海洋与渔业局授予中国海警3111船集体三等功的奖励。

广西北仑河口国家级自然保护区管理处事迹

广西北仑河口国家级自然保护区南濒北部湾，西与越南交界，是祖国的南大门，地理位置特殊。自西向东跨越北仑河口、万尾岛和珍珠湾，总面积30平方千米。保护区内现存有典型的三大生态系：红树林生态系、海草床生态系和滨海过渡带生态系，是全国生物多样性极为丰富的地区。1985年建立县级红树林保护区，1990年晋升为省级自然保护区，2000年4月晋升为国家级自然保护区，现为副处级参公事业单位，人员编制12人。该保护区于2001年7月加入"中国人与生物圈"组织，2004年7月加入中国生物多样性保护基金会自然保护区委员会，2008年列入国际重要湿地名录，是全球四大GEF国际红树林示范区。

近几年来，在各级单位的关心和支持下，保护区生态资源得到有效的管控，生态得到良好恢复。保护区先后获得"自治区海洋系统先进集体""广西绿色环保教育基地"和首批"全国中小学社会教育实践基地"等荣誉称号，并在历次国际重要湿地评估中都获得了优等级。

一、保护区生态资源长年保持良好，为我国的西南边界筑起了一道坚实的绿色生态屏障

多年来，北仑河口保护区的工作人员克服生活条件差、经费短缺等困难，艰苦创业、勇于开拓、团结奋斗，扎根边境线，以饱满的热情积极投身于自然保护区事业。保护区的基础设施建设日臻完善，积极开展生态恢复工程建设工作，加快推进保护区管理设施、科研巡护设备和生态恢复建设等。目前，保护区办公条件、管护能力、科研监测等各个方面都有质的飞跃。保护区巡护和执法力度不断加强。近年来，保护区管理处联合各部门，打击违法捕鸟、采砂、破坏红树林生态等行为，确保保护区的生态资源得到有效管控。加强科技能力建设，建设了北仑河口保护区生物多样性管理GIS系统工程，将先进的GIS技术引入保护区日常管理中，使GIS技术与生物多样性管理紧密结合。目前，保护区的生态状况处于健康状态，有林面积逐年增加，从原来的11.31平方千米到现在的13平方千米；保护区的鸟类种类从以前187种增加到现在的228种，每年飞抵越冬和途经保护区的各种鸟类约10万只。近年的监测显示保护区鸟类达228种，特别是其中极危（CR）1种：勺嘴鹬；濒

危（EN）1种：黑脸琵鹭；易危（VU）8种：斑嘴鹈鹕、黄嘴白鹭、小白额雁、花脸鸭、青头潜鸭、白肩雕、黑嘴鸥和仙八色鸫。有33种国家重点保护鸟类，其中一级1种：白肩雕；二级32种，保护区成为了候鸟迁徙的安全通道及安全栖息地，各种鸟类在这里得到有效的保护。此外，保护区海草床恢复种植与生境改造共计0.067平方千米，滨海过渡带恢复面积达0.067平方千米，实现自然海岸线恢复6.5千米。

目前，保护区内的三大生态系统及相关资源得到有效的保护与恢复，为我国的西南边界筑起了一道坚实的绿色生态屏障。

二、创新社区共管机制，探索出一条社会参与保护红树林的新路子

近年来，保护区管理处创新工作，实现由"保护区主导"向"公众主导"转变。一是联合市级单位推进红树林保护管理和依托志愿者积极推进红树林保护管理；二是深入学校开展红树林保护生态科普教育活动，红树林区周边各学校都把保护红树林作为一门必修课，从小就培养学生的保护环境意识。同时，开展"小手牵大手"活动，使他们的父母、周围的人群加入到保护红树林的队伍中来；三是成立防城港市红树林保护社区共管委员会；四是组织成立防城港市红树林保护友好协会，这是全国第一个合法注册成立的保护红树林NGO组织；五是加强与社会各级公益性红树林保护组织联系和沟通。近年来，参与保护区维护的志愿者人数累计达10万余人次，参与种植红树林达50万余株，探索了一条全民参与，全民保护，全民建设的路径。

三、保护区"红树林"品牌效应凸显，已成为生态科普的教育基地和展示我国生态文明的重要窗口

目前，保护区现已成为了大学生科研实习基地、中小学生生态科普教育基地。2013年，被评为首批"全国中小学环境教育社会实践基地"。先后有中央电视台《沿海行》《水下密林》《走遍中国》及《最美湿地》栏目组为保护区拍摄了专题栏目，中国海洋报、广西日报、广西新闻网、防城港日报

等各级主流媒体都对保护区进行了多角度报道。近年来,保护区管理处还建设完成各类科普教育展厅,普及红树林生态系统的科普知识及海洋灾害科普知识,接待了各国、港澳台及社会各界参观团,年到访量累计10 000人次以上,保护区"红树林"品牌效应凸显,已经成为红树林的科普教育基地和展示我国生态文明成果的重要窗口。

四、保护区国际合作深入发展,"防城港生态保护模式"在国际推广

北仑河口保护区是国际知名的重要湿地,是地球留给人类的不可多得的重要财富,北仑河口国家级自然保护区示范区2004年入选全球四大GEF国际红树林示范区。"防城港生态保护模式"得到联合国环境规划署GEF项目高度评价,并在全球项目中推广。GEF项目也对这块湿地的保护起到了重要的推动的作用,跨部门的管理、公众意识形态的改变、管理模式的创建、管理能力的提高、湿地的保护和恢复种植都收获非常大。从2005开始实施"防城港GEF红树林国际示范区"项目,每年都接待来自东南亚各国的专家和学者到保护区进行交流培训。

在保护区管理处全体工作人员的共同努力下,北仑河口国家级自然保护区的生态管护将不断强化。

中国海监2168船事迹

  中国海监2168船（以下简称"2168船"），建造于广州黄埔船厂，2013年8月5日入列海南省海洋与渔业监察总队，排水量1330吨，船长80米，双机双变距螺旋桨，经济航速16节，适用于国内、远海航区，定员25人。入列以来，2168船先后参加了西沙海域搜救因台风"蝴蝶"遇险的渔民、中建南项目"981"深水钻井平台警戒护航、海南省海洋与渔业维权执法等任务，总计维权执法143天，航程8468海里；特别是2014年5月7日—7月17日，2168船在西沙中建岛附近海域维权执法72天，出色完成了"981"深水钻井平台警戒护航任务，成功捍卫了中国海洋权益。在执行任务中多次赢得各级领导的通报表扬，荣获中国海警局颁发的集体三等功勋章，被海南省委、海南省政府、海南省军区授予"南海维权先进集体"的荣誉称号。现将"981"深水钻井平台警戒护航任务有关情况汇报如下：

一、统一思想，高度重视

2014年5月4日，2168船接到海南省厅动员号令，参加维护中石油公司中建南钻探项目作业秩序；5月6日正式接受这一光荣任务后，为了统一全体人员思想，提高认识，顺利完成上级赋予的任务，根据张军厅长亲临2168船进行重要动员，总队领导迅速组织召开船员大会，对此次任务进行再动员再部署，使每名船员深刻认识到此次任务的重要性、艰巨性和复杂性，激发使命感、责任感。接受任务后，为了担起省、厅和总队机关的期望，为了切实履行好职责，2168船政委孙少武找每名船员了解情况，询问家里有没有什么困难，所有船员都说没有。但执行任务完毕后，通过各种渠道了解到的情况却是大多数船员家里都有这样那样的一些困难：水手长符永锐的家属腿部骨折，当时正准备接受第二次手术。但接到命令后，他二话不说，说服家属并同医生商量，决定推迟手术时间，等完成任务后再进行手术。水手金小勇的孩子出生刚几个月，家里没人帮忙照顾，又请不了保姆。在这种困难的情况下，为了完成此次任务，金小勇对家属做了大量的工作，最后为了支持丈夫的事业，当教师的家属决定每天背着孩子到学校上课并鼓励丈夫要坚决完成任务。刚当新郎没几天的二副陈哲，从河南老家领着新娘于5月5日到海南，

次日就接到命令。他毅然放弃蜜月，辞别新娘回到船上参加战斗。特别是船长王建国，接到母亲病重消息后回老家仅几天就接到归船的命令。他立即和家人做好解释工作，连夜从几百里外的乡下赶往机场，乘机飞抵海口，继而于凌晨三点半回到2168船，保证了2168船准时起航执行任务。在执行任务一个多月后，船舶返三亚补给的间隙，王建国接到母亲病危、准备料理后事的通知。他含泪赶往老家医院，但还是没见上母亲最后一面。忠孝难两全，作为儿子，王船长愧对母亲，作为保疆卫国的一分子，他忠于使命。在起航前，孙少武政委曾找船员再次摸底谈心，在谈到"此次任务具有危险性，你有什么看法"这个问题时，多数人的回答大同小异，最典型的回答是："我这辈子没什么大的本事，这次有机会为国家出力，真正为国家做事，我感到很自豪；我一点儿都不怕，万一真'光荣'了也不遗憾，因为我还能给家人留下比什么都珍贵的荣誉。"透过这些，让我们看到了2168船全体船员具有一颗勇敢而忠诚的心。

二、勇于担当，英勇奋战

5月7日下午，2168船抵达三亚前领受任务，晚上载着40名特警和各种装备前往任务区。到达任务区时，该船主动请缨，要求到最前线立即参加战斗。此前投入的很多海警船都有碰撞过的伤痕，事态比预想的还要严重。在动员大会时，2168船员喊出了"我们要当英雄船"的战斗口号，而整个任务区里全国各地的船艇都有，氛围非常紧张，大家此刻念头就是不能给海南丢脸，一定为海南争光。根据部署，2168船主要布防在平台的第5、第10、第15警戒区外围，直接面对越方船只。归建不到一年的2168船，机器、人员尚处于磨合期，但在这70多天的护航任务过程中，全体船员克服风高浪大、晕船呕吐、时间长、物资缺、生活单调等各种困难，全身心地投入到任务中；全体参战人员以高昂的斗志，不怕苦、不怕累，连续作战，科学运用现代科技设备，严格处置程序，采取驻点蹲守、机动巡航的方式，成功地驱赶越南127批762艘次船舶。特别是6月16日，越南多艘渔检船组成编队，从西北方向试图接近、骚扰"981"深水钻井平台。此时，越方船队挑衅的目的很明显。眼看越方船队就要闯入警戒区，2168船船长思路清晰，判断准确，立即下达"正舵，双车进100%"的命令，2168船便正面全速驶向越南执法船队。狭路相逢勇者胜，2168船敢于亮剑的精神迫使越南船只不得不转向避让，并吓得高速驶离警戒区。

6月16日晚，2168船又接到指示，奉命摸清越方船队夜泊基地的情况。2168船指战员克服光线不清等困难，按照"坚决完成任务"的思想原则，决定单船夜袭越方船队。当2168船进入越方船队中间时，越方吓得乱了方寸，并向2168船喊话"中国海监2168，请你注意，不要做过激动作"，同时有6艘越方船只转向试图围攻2168船。2168船立刻启动水炮进行震慑并利用强光灯照射其驾驶台，让越方船只在短时间内无法靠近。通过较量，我船成功穿越越方船队，并摸清了越方船只数量和船只编号，圆满完成上级交给的任务。越方媒体针对此事做了《中国海监2168号船单艘夜袭我越南船编队泊地》的报道。2168船勇于担当、不怕苦、不怕死、英勇奋战、坚决完成任务的战斗作风，得到各级指挥员多次通报表扬，在南海树立了中国海监威武形象。

三、倾力协作，严防死守

在此次护航任务中，2168船被编入372编队，受海上指挥所指挥。船员们服从命令，听从指挥，不畏艰难，冲锋在前，主动协同各参战船艇，严格按照层层设防、密切配合、严防死守、果断应对的要求，采取强有力措施，多次成功封堵越方武装船只对警戒区的冲闯干扰，有力打击了越方的嚣张气焰。在执行任务中，2168船能准确理解、领会指挥员的作战意图，根据处置现场的情况，顾全大局，机智灵活，倾力协作。5月23日，越方船队冲闯警戒区，我方指挥员命令2168船和224拖船立即前往处置越方新增的目标船只KN630。警告无效后，决定对其实施强制驱离。为了逼迫越南KN630船进入224拖船对其顶推攻击的有利海域，2168船对越南KN630船实施水炮攻击。2168船判断准确，采取灵活的曲折运动、变向变速的战术，利用水炮连续攻击其要害部位，如烟囱、驾驶台、天线及舷窗，最后摧毁了其无线电台的天线和舷窗，成功逼迫其就范。2168船与拖船完美的打击配合，让越南KN630船损失惨重。

通过70多个日日夜夜，2168船敢于担当，圆满地完成任务，兑现了"祖国利益高于一切"的忠实承诺，用实际行动维护国家海洋权益，证明了对党、对祖国的绝对忠诚。

中国海监大连市支队事迹

中国海监大连市支队（以下简称"支队"）主要负责全市2.9万平方千米的海域、2211千米海岸线、501个岛屿的海域使用、海岛及周边海域生态系统、海洋倾废、海砂开采、海底电缆管道、海洋自然保护区的监督检查，依法查处违法违规用海行为，维护海洋开发秩序以及配合国家开展维护海洋权益等任务。几年来，支队一班人围绕中心、献身使命，服务大局，按照"政治合格、专业过硬、作风优良，纪律严明、执法有力"的标准要求，不断加强队伍建设，多次出色完成急、难、险、重任务，多次荣获国家海洋局授予的"全国海洋执法监察先进集体"，国家海监总队授予的"优秀执法示范支队""执法示范模范支队"，连续荣获海监北海总队授予的"北海区模范支队""海岛执法优秀支队"以及大连市人民政府颁发的"最佳服务成果奖"等荣誉称号。

一、队伍建设坚强有力

海上维权执法政治含量高、科技含量高、依法维权要求高，几年来，大连市支队始终以"思想强、业务精、作风硬、纪律严"的准军事化目标要求，全面加强海洋执法监察队伍和装备建设。采取骨干授课、案例分析、以老带新等方法，定期组织人员进行法律法规等业务学习。每年11月，组织

全体人员到部队实行封闭管理,进行为期1个月的军事训练。通过在完成重大任务中摔打锤炼,在严格日常管理中点滴养成,在强化学习培训中总结提高,在严明奖罚中激发内在动力,队伍的整体素质得到了大幅度提升。2010年,在应对处置"7·16"油污事故中,全支队党员干部都以忘我的精神知难而上,不讲条件,冲锋在前,昼夜奋战,苦干20多天,为取得海上清污决定性胜利做出了突出贡献,受到上级的表彰。通过不懈努力,目前,支队拥有200吨、300吨、400吨、500吨、600吨、1000吨及1500吨海监执法船9艘,执法快艇3艘,执法车辆6台,拥有棉花岛、小耗子岛两处维权执法基地,队伍建设、执法装备建设和执法能力建设均走在了全国计划单列市支队的前列。

二、服务理念改进创新

通过党的群众路线教育实践活动,支队及时更新服务理念、转变服务方式、创新执法手段,开展了"我的岗位无差错,我的工作请放心,我的服务您满意"等活动。利用电视、广播、报纸等媒体,造声势、营氛围,大力宣传《海岛保护法》等法律法规,并将《海域使用管理法》《海洋环境保护法》等汇编成册,印发1万余册,组成宣传小分队,行程5万余千米,深入各级政府、涉海企业、海岛码头、渔港渔村,张贴标语,送发资料,座谈宣讲。同时,结合"全国海洋日"、伏季休渔等重要时日,把历年破坏海洋生态环境的典型案例制作警示图板,利用反面典型加大宣传教育力度,拓展宣传教育的覆盖面,使政府、企业和渔民的依法用海的意识明显增强,非法用海行为呈现逐年下降的趋势。2012年4月,支队拿出专项资金,在无居民海岛设立有关法律法规、管辖职责等内容的"公告宣传牌",这一做法得到了国家海监总队的充分肯定，并在全国推广。

三、执法监察打防并举

为了实现海洋监察全海域、全岸线、无缝隙覆盖，支队严格落实日常巡查工作制度，采取海陆结合，市县联动等举措，对重点海域实施日常巡查，对敏感海域采取专项检查，对特殊海域实行联合检查。在对大连市南部海域进行清理整治中，面对少数养殖业户的辱骂、恐吓等不冷静行为，执法人员坚持以人为本，数次到养殖户家中耐心细致地做好思想疏导工作，取得他们的信任和理解，大多数养殖户按时对网箱和浮筏进行了自清，但个别非法养殖户拒不拆除。支队及时协调公安、边防等部门，依法对其进行了强拆，共清理浮筏6000多台、海域面积约10平方千米，有效打击了非法养殖户的嚣张气焰，为建设海洋强市保驾护航发挥了重要作用。2013年3月，执法人员在巡查中发现一个非法用海项目。支队及时对该项目单位下达了责令停止违法行为通知书，但对方拒不停工。为了有效制止该非法用海项目，支队分两个小组对项目海域施行24小时监控。执法人员顶着说情风，面对被执法者的肢体挑衅和语言威胁，严看死守160余天，最终按照相关规定对该起非法用海行

为进行了严厉处罚。自2011年以来，大连市共实施执法检查75 000次，110万千米；海上执法检查1200个航次，航程40 000海里；检查项目3100个，查处违法围填海案件121起。有效维护了用海秩序，规范了用海行为，保护了海洋环境。

四、海上维权彰显国威

为了深入贯彻好习主席"要做好应对各种复杂局面的准备，提高海洋维权能力，坚决维护我国海洋权益"的指示精神，支队加大了执法人员的能力建设，让他们在海上维权、巡航执法和复杂海情中磨炼摔打，练速度、练反应、练程序，练业务，不断提高执法人员应对突变海况、处置突发事件、完成重大任务的能力。同时，积极参与国家组织的"海盾""碧海"专项执法行动，并结合自身特点，采取纵向联动、横向互动、动态管控等方式，有效查处海洋违法行为上百起，为国家挽回经济损失近亿元。特别是2014年5月，海监总队下达西沙"981"深水钻井平台维权任务后，支队党委及时召开动员誓师大会，67名同志纷纷请缨要求参加南海维权任务。他们有人在老家休假，有人还在家度新婚蜜月，听到消息后立即归队，向党组织递交了申请。参加维权任务的海监1013船全体人员，以饱满的爱国之心、高昂的战斗意志、过硬的作风素养，历时88天，战高温、斗风浪、耐寂寞、守海疆，受到了前线指挥部和中国海警局的高度赞扬。有关海监船又按国家的统一部署，巡航在南海第一线。

宁波市海洋与渔业执法支队事迹

宁波市海洋与渔业执法支队以深入贯彻落实科学发展观为指导，以"发展海洋经济、提升海洋综合管控能力"的海洋工作大局为目标，强化责任意识，加强队伍正规化、规范化建设，认真履行执法监察职责，大胆探索执法服务工作模式，寻求海洋执法监察新的发展，为宁波市海洋事业可持续发展保驾护航，受到了宁波市政府和有关职能部门的高度评价。2003年被评为"全国首批执法示范支队"，2004—2006年被评为"全国优秀执法示范支队"，2007—2010年连续4年被评为"东海区模范支队"。

一是努力打造准军事化海洋执法监察队伍。按照上级提出的"政治建队、军事建队、科技建队、文化建队"的建设要求，不断加强队伍政治思想和执法能力建设，针对海洋执法监察内容不断拓展的实际，每年组织全市执法骨干开展形式多样的培训、交流和比武等活动；每年2次组织执法人员、执

法船船员进行海上应急逃生、救助和船舶防火、灭火技能等演习，以提高执法队伍的凝聚力和执法人员适应海上执法的工作能力，使队伍的整体建设进入一个新的发展时期。

二是真抓实干，全面开展各项专项执法活动，严厉打击各种违法行为。针对日常巡查和专项检查发现的、群众举报中反映的问题，执法人员不畏艰难，依法办案，成绩显著。3年来，全市共组织各项检查2045次，参加检查人员11 869人次，案件共立案132起，已结案128起，共收缴罚没款1.2亿余元。其中海域使用案件26起，海洋环保案件32起，海岛案件4起，渔业案件70起，办结涉案金额百万元以上"海盾"案件6起，涉案金额5万元以上的"碧海"案件14起。

三是高度重视，扎实开展海洋维权执法任务。2014年5月，中国海监7028船紧急备航赴南海执行国家维权任务，前后历时77天，具体担负观察、警戒

和驱赶任务，巡航1500余小时，航程9000余海里，圆满完成南海维权任务，为维护国家海洋主权完整做出了突出的贡献。

四是守护水下遗产，开展海域内文化遗产联合执法。2012年4月与宁波市文化广电新闻出版局举行了宁波海域内文化遗产联合执法行动启动仪式。仪式后，多次会同宁波市文化执法总队开展市辖海域内的文化遗产保护区的巡航执法检查，成功保障宁波海域"小白礁一号"一期水下考古发掘行动，受到国家海洋局的充分肯定和表彰。

五是拓展执法服务理念，开展象山港表层废弃物清理。为提升海洋执法服务内涵，积极探索服务社会公益事业新途径，2013年8月启动以"保护海洋生态环境，共建美丽生态宁波"为主题的象山港海域表层废弃物清理公益活动。此项活动已持续开展了2年，投入专项资金50余万元，清理了大量海上废弃漂浮物，取得了很好的社会效益。

厦门市海洋与渔业局海域与海岛管理处事迹

近年来，厦门市海洋与渔业局海域与海岛管理处（以下简称"管理处"）在各级领导的关心、支持下，围绕促进厦门市社会经济科学发展这个中心，全面贯彻落实科学发展观，大力推进海洋生态修复工程，坚持节约集约利用海域资源，加强海洋生态保护，较好地完成了各项海域管理工作，系曾连续7次被国家海洋局评为"全国海域使用管理先进单位"的厦门市海洋与渔业局主要承担部门之一。

一是加强政治理论学习，坚持勤政廉政。坚持各项学习制度，开展理论学习，认真学习邓小平理论、"三个代表"重要思想、科学发展观、党的十八大、十八届三中、四中全会精神及习近平总书记自党的十八大以来一系列重要讲话精神，不断加强思想政治工作；组织参加国家、省、市等各级各类业务培训，更新业务知识，拓宽知识面，提高综合素质；勤政廉政，遵纪守法。全处形成良好的工作氛围，经常主动放弃节假日休息，自愿延长工作时间，及时完成各项工作任务，确保涉海重点工程用海手续及时高效办理。同时，在用海审批中，从不以权谋私、吃拿卡要，不索取、收受当事人的财物，近年来没有出现任何海域使用申请者投诉现象，受到上级领导和广大用海相对人的好评。

二是围绕中心工作，加强用海规划协调。管理处按照建设海洋强市的总体要求，以厦门新机场、东南国际航运中心及海洋生态文明示范区等重大涉海建设项目为重点，妥善处理海域资源保护与重点建设项目用海关系。围绕重大项目用海需求，抓紧涉海规划修编调整工作，加快重点用海项目前期工作，为厦门市可持续发展提供有力的海域资源保障。同时，充分利用厦门市开展"多规合一"工作契机，做好当地海洋功能区划与社会经济发展规划、土地利用总体规划、城乡总体规划相协调衔接工作，调整用海结构，优化用海方式，在国内率先探索陆海统筹、海陆和谐发展的规划模式。

　　三是抓住重点，高效做好用海项目服务工作。管理处提前介入，靠前服务：主动加强同重点项目建设业主及有关部门的对接，深入了解掌握项目用海需求，及早提供政策法律建议。积极协调，主动服务：认真梳理用海审批关键因素，牵头协调论证单位加快用海论证进度，协助完善用海论证材料，指导业主项目用海报批。专人负责，全程跟踪：对重点项目实行专人负责制度，全程协调指导每个重点项目用海论证及用海报批工作。提速提效，优质服务：简化行政审批程序，提高用海行政审批效率，市级用海项目审核时间全部缩短到法定时限的35%以内，以此确保重点项目用海报批依法、高效、快捷办理，努力促进当地涉海重点项目建设顺利推进，其做法受到厦门市领导的书面肯定。

　　四是不断提高服务质量，做到周到热情。管理处实行政务公开，充分利用厦门市海洋与渔业局进驻厦门市政务中心的契机，按照行政审批标准化的要求，完善审批制度，主动公开海域使用权办理的内容、办理依据、办理程序、办理标准、办理纪律、办理时限以及申请材料，以方便行政相对人取阅。对前来办理用海手续的行政相对人，均是热情接待、耐心解释，一次性告知办理手续所需材料。同时对每项用海工程，管理处人员都深入现场踏勘，组织科学论证，倾听各方意见，有力地保证用海审批的科学性、合理性。同时，全处室人员严格遵守各项规章制度，做到办公环境整洁卫生，物品摆放有序，科室标志醒目，人员去向明确，形成办事窗口良好的工作环境。

五是努力开拓创新，争创工作新业绩。管理处曾被评为"厦门市直机关文明处室"，处里领导和工作人员多次被评为各级先进个人。近年来共办理用海项目30多项，面积约500万平方米，征收海域使用金约2.5亿元。与此同时，不断推进海域管理创新工作，率先探索海域管理逐步从海域空间管理向海域资源管理和生境管理层面提升的工作，在国内首先提出用海总量控制制度，为维持厦门市所辖海域保有量提供较为科学的依据；在福建省率先开展填海项目的海域使用权市场配置工作，成功破解海域使用权与土地使用权衔接问题；组织实施国内目前规模最大的人工沙滩修复工程，修复沙滩长度超过10千米；海域资源的集约利用程度达到国内领先水平，每平方千米海域创造的海洋经济增加值约1亿元。

六是开展海域管理国际合作，推广厦门海岸带综合管理经验。近年来，管理处以全面实施海湾整治、海堤开口、海域清淤、沙滩恢复、湿地重构、物种保护及海岛修复等一系列海洋生态修复工程的实践，不断总结丰富海岸带综合管理"厦门模式"的内容，通过国内外不同场合与多种形式，推广应用海岸带综合管理理念，为东亚海岸带可持续发展战略做出努力，扩大了厦门海岸带综合管理在东亚地区的影响和知名度。

青岛市海洋与渔业局海域和海岛管理处事迹

青岛市海域和海岛管理处认真贯彻实施海洋法律、法规，坚持依法管海、高效服务，推进海洋开发与保护、管理与服务的有机统一，工作中取得了显著成效，为青岛市蓝色经济区建设、海洋强市建设的推进做出了贡献。

一是制定规章，完善海洋法规地方配套制度。参与起草、制定《青岛市海域使用管理条例》《青岛市无居民海岛管理条例》《胶州湾保护条例》《青岛市海洋环境保护规定》等法规，制定了用海项目受理、审查、审核、审批、运营监管等各个环节管理制度，夯实了青岛市海域和海岛管理的法制基础。

二是编制规划，建立健全海洋规划体系。组织编制《青岛市海洋功能区划》《青岛市海域和海岸带保护利用规划》《青岛市集中集约用海规划》《青岛市海域海岛海岸带整治修复规划》《青岛市海岛保护规划》《董家口

区域用海规划》等系列规划，健全了以海洋功能区划为核心和海洋规划体系，为海域和海岛资源可持续利用和保护提供依据。

三是强化管理，维护国家海域权益。在海域使用管理工作中落实功能区划制度，规范用海项目审批程序，海域使用管理实现了办证率、海域使用金征收率和海域使用权年审率均100%。截至目前，全市办理海域使用权1166个，确权面积3.5万公顷。海域使用金应收尽收，累计征收海域使用金约32亿元，其中按规定上缴中央财政近10亿元。

四是提高服务，助推蓝色经济发展。开通网上审批通道，设立了大企业直通车服务窗口，公开审批、规定期限、便民高效。做好海域使用权抵押贷款登记，全力支持北船重工、中石油、中海油、海西湾造修船基地、奥帆基地、海湾大桥、海底隧道等国家、省、市重点项目建设，规范养殖用海管理，支持和服务养殖业户用海确权，保障"蓝色粮仓"建设。

五是立足保护，探索无居民海岛管理。在全国率先制定实施了《青岛市无居民海岛管理条例》，编制了《青岛市海岛保护规划》，设立了大公岛、灵山岛两处海岛自然保护区。制定实施了《青岛市海岛整治修复保护计划》，申报并实施了竹岔岛、灵山岛等3个海岛整治修复及保护项目。

六是突出重点，开展海域海岛海岸带整治修复。参与青岛前海一线海岸带及前海海域的养殖设施清理，保证了2008年奥帆赛等重大帆船比赛的顺利举办。推进唐岛湾岸线治理工程，治理岸线10千米，建设成为集旅游、娱乐、度假、商务为一体的滨海休闲旅游度假区。组织申报并实施了崂山区岸线整治工程、胶州湾部分岸线整治修复项目、鳌山湾岸线综合整治修复项目、胶南市大卢河至风河海岸线综合整治项目、灵山岛生态修复示范工程项目、竹岔岛整治修复及保护项目等海域海岛海岸带整治修复项目。

七是开拓创新，打造海域动态监视监测信息管理系统。率先实施了被列为国家海洋局试点工程的"青岛市海域使用监视监测动态管理系统平台"建设，实现了国家、省、市、县四级网络互联互通。建成青岛市重点海域、敏感海域、港口、码头、部分滩涂岸线等近60个监控站位，可实时调看监控数据及监控图像，动态监视监测相关海域围填海工程用海，渔船管理、岸线保护等，在奥帆赛浒苔灾害应急处置等工作中，系统发挥了至关重要的作用，受到国家海洋局和青岛市委市政府高度评价。

中国海监广东省总队深圳支队事迹

一、基本情况

中国海监广东省总队深圳支队（以下简称"支队"）于2002年6月经深圳市编办批准成立，是实行公务员管理的正处级行政执法机构。2012年5月机构改革，中国海监广东省总队深圳支队牌子加挂在深圳市海监渔政处，整建制划入深圳市规划和国土资源委员会（海洋局），下设中国海监广东省总队蛇口大队、盐田大队；领导3艘正科级行政执法船；对中国海监广东省总队宝安大队、南山大队、大鹏大队进行业务指导。深圳支队现有编制73名，其中行政执法专项编制55名，工勤雇员编制18名；支队设处级领导职数两正一副，科级领导职数十五正四副。目前在职在岗人员共68名（公务员49名，雇员19名）。

二、主要先进事迹

1. 思想政治工作卓有成效

一是党风廉政建设不断加强。支队着力加强新形势下反腐倡廉教育和廉政风险防控，规范执法行为，预防渎职失职，主动邀请中国海监广东省总队督察处和深圳市海洋局纪委领导进行廉政授课和廉政工作检查，并组织干部职工参观深圳市监狱，开展现场警示教育。

二是深入执行中央八项规定。严格公务接待和会务活动，严格实施执法车辆和过渡性住房管理制度；开展了"纪律教育学习月"活动和"政风行风"评议活动等一系列教育活动，不断增强队伍纪律观念，促进工作作风转变。

2. 队伍建设工作成绩显著

一是实行准军事化队伍管理。每年定期开展军事训练，不定期开展队容风纪督察，对海监案件会审、渔船柴油补助等重点工作跟进督察。

二是队伍团结和谐，干劲足。支队领导经常与队员交心座谈，注意掌握队伍思想动态，关心职工工作生活，帮助解决职工困难；每年春节、中秋节开展老干部慰问座谈，听取老同志意见。

三是加强业务培训。多批次组织党员干部、业务骨干外出学习或培训，提升干部职工综合能力。

四是文体活动丰富多彩。积极参加合唱比赛、游泳、羽毛球等文体比赛并喜获佳绩；定期组织"文明出行"义工活动，增强队伍凝聚力、向心力。

3. 执法业务亮点突出

亮点一：建章立制　防范在前

2011年，支队确立"网格化"管理思路，制定了《深圳海域岸线管理和督察制度》，对全市海域及岸线分区划片，将监管责任落实到辖区行政管理部门、用海单位和海监大队；编制了《深圳市行政处罚自由裁量权标准（海洋类）》，明确裁量权基准，细化量化处罚标准，为海监执法提供具体的法律支撑。

亮点二：攻坚克难　严查大案

支队严查重大海监案件，通过一批重大案件的查处，促进了地方政府依法用海。

如深圳市交通公用设施建设中心违法填海案，牵涉国土划界问题，支队在调查处理中积极与当事人沟通，取得当事人的配合。同时协调上级有关部门，得到深圳市政府、市海洋局的关心支持，加快了办案进程，提高了办案质量。

在协助拆除深圳大鹏新区"海上皇宫"海上违法构筑物时，支队积极配合市局、龙岗区政府采取有效措施，提供法律支撑和执法力量支持，同时积极做好舆情

宣传引导工作，妥善处理了这一社会热点案件。

亮点三：联合各方　严格执法

深圳支队通过采取定期巡航和不定期夜间伏击相结合的巡查执法方式，保持打击非法倾废的高压态势，仅2013年倾废案件就立案15宗，执行罚款113.5万元。支队联合多部门就城市弃土海运处置管理等问题进行了专题研讨，采取了一抓源头、二抓监管的方式实现海域监管全覆盖，协调相关部门建立综合监管机制，形成高压管理态势。之前，深圳前海妈湾片区每天约有2700台泥头车进出，2.7万立方米渣土经过该片区6个非法码头卸载到海上运输船外运，严重污染市容环境，对该片区海上安全和海洋环境造成重大威胁。深圳支队联合相关部门千余人，出动吊机、焊机等机械100多台（班），集中突击，短时间内完成了清拆行动，共清拆码头各类设施6300多平方米。

亮点四：敢闯敢试　守岛护岛

深圳支队深入贯彻实施《中华人民共和国海岛保护法》，针对辖区小铲岛多处违章搭建窝棚，岛上生态环境遭受严重破坏的情况，联合多部门开展清理活动，并争取国家海洋局拨付海岛生态修复专项资金1000万元，以采购服务形式由物管单位驻岛管理。目前，小铲岛日常管理工作及生态

修复工作正有条不紊地进行。

亮点五：海洋维权　勇当先锋

2014年，支队政委随同中国海警3111船到达南海仁爱礁，开展了为期22天的南海维权巡航执法。支队所辖中国海监9012船已9次代表广东省承担省级海洋维权巡航执法任务，航程2万余海里，巡航范围东至台湾浅滩，西至北部湾海域。除完成国家海洋维权巡航执法任务外，中国海监9012船还承担起护航深圳海洋经济发展的重任，出色完成了2010年南极科考船"雪龙"号在深圳期间的护航、迎送、安保和2011年深圳世界大学生夏季运动会海上安保等重大工作任务。2012年北部湾海洋维权巡航中，深圳支队派出女执法员作为执法组长，开创了女执法员参与省级维权巡航的先河。

中国海警1112舰事迹

中国海警1112舰为千吨级公务执法船，2001年投入使用，其前身为中国渔政118船，2013年更名为"中国海警1112舰"，现有人员30人。先后8次远赴北太平洋参加国际联合执法任务，4次赴东海钓鱼岛、南海仁爱礁等海域执行维权巡航管理任务，21次参加地方抢险救灾和联合执法行动，成功救助海上船只7艘，船员54人，挽回经济损失1亿多元；荣获集体嘉奖1次，被农业部授予"渔业文明执法窗口单位""全国渔政工作先进单位"，被原中国渔政指挥中心评为"专属经济区巡航先进单位"，被原农业部黄渤海区渔政局评为"涉外渔业管理先进船""基层建设先进单位"，被烟台市直机关工委评为"先进基层党组织"。

2007年，成功救助"振兴1号"冷藏运输船，救起船员26名、渔获物900多吨。2008年，帮助"天一"号船扑灭火灾，历时15昼夜将其安全拖回舟山。2011年，在主桅杆顶端折断的情况下，冒着"马鞍""梅花"超强台风，历时23天、航行4000多海里，将失去动力的"鲁荣渔2682"船安全拖带回国，并将涉嫌杀人的11名船员移送公安机关。2010年、2012年，在赴东海某岛海域执行任务期间，面对数倍于己的某国武装舰船的围堵和武装飞机的威胁，全舰官兵毫不畏惧，坚持护渔巡航，有力地宣示了国家主权。2014年，在南海某海域执行护航保障任务中，在补给不到位的情况下，坚守战位40多天，圆满完成任务，1人被表彰为先进个人，1人被嘉奖。

中国海警2506舰事迹

全国海洋系统 先进集体、先进工作者 典型事迹汇编（2014年度）

中国海警2506舰为一等大型执法公务船，原为中国人民解放军南海舰队海测大队"李四光"号海洋测量船，2012年11月转隶农业部东海区渔政局东海总队，2013年编入中国海警，更名为"中国海警2506舰"。现有船员65人，其中参公人员2名，事业编制人员42名，外来务工人员21名；中共党员14人，共青团员23人。全舰官兵始终坚持"以人为本、依法行政、务实创新、廉洁高效、服务渔民"的工作思路，以精湛的业务素质依法行政，长期奋战在东海维权一线，多次赴钓鱼岛海域巡航执法，彰显了我国对该海域的实际管辖权。2014年，中国海警2506舰在南海某海域执行护航保障任务中表现突出，被中国海警局荣记集体三等功。

中国海警2506舰党支部高度重视思想政治工作，把"加强思想建设、培养过硬作风、提高执法能力、完成任务一流"作为工作目标，充分发挥大舰优势，加强一等舰船制度建设及管理模式的探索，着力提升舰员海洋综合执法能力，将"书香舰船"作为特色品牌，加强小型图书室的建设，每次出航都自编简报，通过形式多样的活动加强文化氛围。积极组织政治理论和业务知识学习，不断丰富学习内容，创新学习方式，大力营造"关心政治，热爱学习"的良好氛围。经过长期努力，建立了与一等舰船相适应的规章制度和管理模式，创建了拴心留人的工作环境，培养出优秀人才，为维护国家海洋权益做出了贡献。

中国海警32019艇事迹

全国海洋系统先进集体、先进工作者典型事迹汇编（2014年度）

中国海警32019艇为318A北方型巡逻艇，隶属江苏海警支队一大队，2000年8月正式服役。全艇官兵在上级党委的坚强领导下，始终坚持以建设"听党指挥、能打胜仗、作风优良"的优秀海警舰艇为目标，狠抓班子队伍建设、舰艇业务训练和官兵作风养成，先后圆满完成上海APEC会议、上海合作组织峰会、青岛奥帆赛、上海世博会等国家重大活动、赛事的海上安保任务和中朝中韩边界制止越界捕捞、南海维权行动、"东方之星"沉船搜救等重大勤务。特别是2014年，在南海某海域执行护航保障任务时，艇上官兵历时3个月，以科学的勤务准备、灵活的战法技法、专业的战术素养和顽强的战斗作风，拦截驱离前来骚扰的某国武装船只60余艘次，出色完成了任务，赢得了各级领导的一致赞誉和肯定。该艇还积极参加"打击长江口海域盗

抢案件"、海上综合执法、伏季休渔执法、集中整治越界捕捞等专项行动,严密实施巡逻管控,确保了管辖海域高度安全稳定。2013年以来,该艇先后抓获涉嫌非法运输买卖成品油船舶4艘,依法没收成品油4000余吨,案值2800余万元,有力打击了违法犯罪分子的嚣张气焰。

中国海警32019艇先后2次荣获集体嘉奖,多次被公安部边防管理局、江苏省边防总队及驻地共青团市委评为"先进基层党组织""基层建设先进单位""青年文明号";全艇官兵先后70余人次荣立三等功及获评优秀共产党员、优秀士兵和优秀警官。

中国海警45101舰事迹

中国海警45101舰为618B型巡逻舰,2010年7月30日正式列编服役,隶属于广西海警第一支队,原舷号为"45001",2013年舷号更改为"45101"。全舰现有官兵44人,其中干部12人,战士32人。

该舰先后圆满完成了党的十八大海上安保、泛珠三角警务合作论坛海上安保、广西壮族自治区"两会一节"海上安保、中建南井场调查护航保障、"403"专项行动、南海某海域护航保障、西沙常态化巡逻管控、北部湾巡逻监管、"1·29"特大海上走私案抓捕等重大海上勤务,特别是2014年在参加南海某海域护航保障任务中,成功处置某国船只603艘次,驱离某国船只10艘次,抵近观察记录船只61艘次,清除打捞竹排、渔网等碍航物一批,有效捍卫了国家主权和海洋权益。该舰先后查获违反沿海船舶治安管理人员170余人,查获某国非法入境务工人员30人,查获无合法手续货物案值1500多万元。

因业绩突出，中国海警45101舰先后2次荣评"基层建设标兵单位"、1次"基层建设先进单位"，荣立集体二等功1次、集体三等功2次，多次获得先进党支部、文化建设先进单位、训练先进单位、主题教育先进单位等荣誉；1人荣获全国"卫国戍边英模"荣誉称号，2人荣获"广西边防十大卫士"，1人荣立个人二等功，19人荣立个人三等功。

中国海监第一支队事迹

中国海监第一支队在中国海监总队和北海分局正确领导下，在前进中发展，在发展中壮大，不断加强队伍自身建设，完善更新管理理念，注重培养和引进优秀人才，在全面履行黄渤海海域行政管理、维护海洋权益、保护海洋环境等职责，保障和参与海洋科研调查与公益服务等方面做出了突出的成绩。

一、海监队伍的旗舰支队

成立于1965年的中国海监第一支队现有干部职工812人，其中专职执法人员41名，高级船员210名；共装备有25艘在国内外具有较高水平的海监公务船和海洋科考船；是中国海监10个支队中人员最多、装备最多、承担任务最多的支队；承担着我国黄海、东海、南海三个方向的海洋维权任务，承担着北海区石油勘探开发活动的定期巡航任务，承担着山东省3345千米海岸线范围内的海域使用、环境保护、海岛开发与保护的执法管理工作，承担着保障大洋科考、"蛟龙"号深潜等重大海洋科学考察任务。经过近50年的发展，中国海监第一支队以其"历史最长、业务最全面、影响最广泛"成为海监队伍中名副其实的"旗舰"支队。

近年来，该支队形成了以"驰骋海洋、护我海疆、忠于职守、为国争光"为核心的理念体系；明确了"以维权执法和海洋行政管理为中心，以大洋考察、专项任务为两翼，以船舶安全管理为重点，以狠抓制度和队伍建设为宗旨，强化党建和思想政治工作"的总体思路。在正能量理念的感召和凝聚下、在总体

思路的引领下，取得了骄人的成绩；在队伍建设、党建工作、船舶安全管理、维权执法、行政执法及海洋科考等方面收获了众多荣誉。

船舶管理方面：海监15船获得中国海监2011年度"安全先进船"的荣誉称号；副支队长窦永林、海监15船船长李玉波、海监18船船长奚国庆获得中国海监2011年度"船舶安全管理先进工作者"的荣誉称号。

维权执法方面：中国海警1117船船长王桂廷被授予"人民满意的公务员"荣誉称号；因在"ZS"项目护航保障任务中表现出色，中国海警局给予中国海警1123船集体嘉奖，给予刘会成、黄殿臣记个人三等功一次，给予王四代、潘继东等13人个人嘉奖。

行政执法方面：中国海监驻董家口港区执法监察办公室的成立得到了北海分局各级领导的肯定，成为北海区行政执法示范区。行政执法队获得北海分局和青岛市"青年文明号"称号。

海洋科考方面："向阳红09"船获得"蛟龙号载人潜水器7000米级海试先进集体"荣誉称号，支队副支队长、原"向阳红09"船船长窦永林获得"蛟龙号载人潜水器7000米级海试先进个人"荣誉称号；中共中央、国务院授予"蛟龙"号载人潜水器7000米级海试团队"载人深潜英雄集体"荣誉称号，授予叶聪、付文韬、唐嘉陵、崔维成、杨波、刘开周和张东升7名同志"载人深潜英雄"荣誉称号；中华全国总工会表彰在"蛟龙"号深潜试验中表现出色的先进集体和先进个人，"向阳红09"船等10个集体荣获"全国工人先锋号"荣誉称号，轮机长刘军、船长陈存本获全国"五一"劳动奖章；"向阳红09"船还获得"中国大洋科学考察先进集体"荣誉称号，理维华、树明、甄松刚、刘春风获得"中国大洋科学考察先进工作者"荣誉称号。

党建方面：中国海警1126船党支部、1127船党支部、支队执法队党支部被评为"北海分局2011—2013年度先进基层党组织"；崔晓军、刘会成、王峰被评为"北海分局2011—2013年度优秀共产党员"；潘继东、陈广喜、苏广俊被评为优秀党务工作者；秦镜辉被评为优秀纪检干部。

二、维权战线的主力军

中国海监第一支队作为维权执法前线的主力军，圆满完成了黄海、东海、南海维权任务。2009—2014年期间，共派出船舶开展了243个航次的维权巡航任务，巡航3907天，航程50万海里。

多年来，中国海监第一支队听从指挥、默默奉献，本着"有第一就争，有红旗就扛"的拼搏精神，圆满出色地完成了一个又一个重大维权任务，捍卫了国家海洋权益：2010年的黄渤海定期巡航维权任务和"428""920"重大专项维权行动；2012年的黄渤海定期巡航维权任务和钓鱼岛、黄岩岛重大专项维权行动；2013年的黄渤海定期巡航维权任务和"815""910""918"、钓鱼岛、黄岩岛、美济礁、仁爱礁、南康暗沙重大专项维权行动，等等。其中，中国海警1123船在执行钓鱼岛专项维权行动中，敢打敢拼，创造了距钓鱼岛主岛基线0.278海里的最近距离巡航纪录。2014年完成南海万安滩、中建南"ZS"项目维权专项行动，黄岩岛、美济礁、仁爱礁、南康暗沙等海域的维权执法行动及涉朝韩水域管控。其中，中国海警1401船参加的中建南"ZS"项目专项维权行动受到了中央领导的肯定和好评。

三、海洋行政执法的排头兵

中国海监第一支队确保每年完成4~5个航次的渤海定巡，实现渤海钻探及开采平台100%的登检率。2011年，支队作为蓬莱19-3油田溢油事故监视与调查的主力单位，全程参与事故的巡航监视、平台驻守和专案组调查等工作，推动了整个溢油事故处理的顺利开展。此次事故发生后，中国海监第一支队对北海区重点平台开展驻守执法，对辖区的油田及平台进行全面摸底排查，有效遏制了渤海溢油风险频发的势头，近3年北海区未发生重大溢油事故。

作为山东辖区海域使用、海洋环境保护和海岛保护执法管理的国家队伍，支队坚持打造一流执法队伍，认真履行检查和处罚两项职责，保护海洋环境，维护辖区良好用海秩序。创新执法思路，在海洋开发热点地区设立执法监察办公室；全面加大违法行为的打击力度，维护辖区良好用海秩序，近年来共查处各类海洋违法案件187起，收缴罚款累计约13 608万元。在执法服务和案件查处的联合作用下，山东辖区的用海秩序、海洋环境等呈现出良好的发展态势，恶性违法案件及举报事件逐年降低。

四、海洋科考事业的功勋团队

中国海监第一支队承载着中华民族的远洋科考梦和下五洋捉鳖的载人深潜梦，为了实现梦想，支队举全队之力参与和保障大洋科考与载人深潜试验任务。

中国载人深潜事业是我国新时期海洋战略的重要组成部分。2009年，中国海监第一支队承担了载人深潜母船的船舶保障任务。从接到任务的那一刻，支队从设备调试、保养到所需物料，从船员选配、培训到动员教育，每个环节都精心安排，确保万无一失。"向阳红09"船搭载着"蛟龙"号载人深潜器一次又一次刷新我国载人深潜的纪录，从3758米到5188米再到7062米，并完成了两个实验性应用航次，实现了我国深海技术发展的新突破和重大跨越，使"五洋捉鳖"的梦想变成现实。中国海监第一支队始终发扬着"团结协作、严谨求实、拼搏奉献、勇攀高峰"的精神，圆满完成了实验任务的各项保障工作，受到了上级和各参航单位的好评，并被人力资源部和社会保障部、国家海洋局授予"蛟龙号载人潜水器7000米级海试先进集体"荣誉称号，"向阳红09"船参试代表受到了习近平总书记等国家领导人的接见。

中国海监第一支队先后参与执行了15次大洋科考任务，建立了卓越功勋，其中第22航次大洋科考任务创下了我国大洋科考史上时间最长（历时369天）、里程最长（航程64 162海里）和科学考察范围最广（调查区域涉及印度

洋、大西洋和太平洋）的纪录。2013年圆满完成的第26航次大洋科考任务成功开展了中国—尼日利亚联合调查，这是首次在非洲国家专属经济区开展以我国为主的国际合作调查。多年来，该支队秉承着"自强、探索、奉献、和平"的精神，努力培养杰出科考航行和管理人才，积极打造优秀的大洋科考团队，为我国的大洋科考事业做出了应有的贡献。

五、船舶安全管理的先进代表

近年来，中国海监第一支队承担了大量出海任务，所属船舶年均出海天数为200天左右，个别船只全年365天都处于离港状态。新接船舶多、厂修船舶多、出海船舶多，形成了"点多、面广、线长"的工作常态，加之船员实际数量达不到船舶标配人员，船员队伍青黄不接等因素让支队面临着严峻的船舶安全形势。支队以大局为重，克服困难，坚持安全管理制度、坚持安全教育及培训常抓不懈，认真做好安全检查、船舶维修、岸基支持等工作。

强化船舶使用的规范化管理，实行船舶管理工作的"双严格"，即要求船舶管理严格执行《中国海监船舶管理规则》，严格落实《北海分局船舶安全管理体系》；明确全员管理的目标和责任，把安全工作列入各级领导干部考核的重要内容；强化安全教育，将航前安全教育作为一项制度常年贯彻，把安全教育工作贯穿于日常工作中；强化监督检查力度，进一步完善航行例行检查，加强组织各类专项监察；以先进示范、经验交流等多种形式，加大安全及应急培训力度。

狠抓船舶维修保养，充分发挥船员的主动性和积极性，坚持平时保养与故障修理相结合，自修与航修相结合，扎实推进循环性维修保养工作，确保了各船机械设备、仪器和各种应急设备的正常使用。

加强岸基保障，支队克服船舶数量多、出海任务繁重、船员缺口大等困难，合理调整船员轮换工作；支队以新的管理理念，确保物料、备件质量关。

在上述安全管理机制的保证下，近几年，中国海监第一支队的各类船舶累计年均安全航程和年均任务量均为国家海洋局各队伍之首，且未发生重大船舶及航行安全事故，连续多年包揽国家海洋局组织的船舶技能比武的各类奖项。

国家海洋局秦皇岛海洋环境监测中心站事迹

秦皇岛海洋环境监测中心站（以下简称"中山站"）是我国早期设立的海洋中心站之一，成立于1966年，距今已有半个世纪的历史。自成立以来，秦皇岛中心站在北海分局党委的正确领导下，积极拥护国家的政策方针，踏实做好分局交派的各项工作和任务。特别是近年来，中心站党委带领广大干部职工坚持以邓小平理论、"三个代表"重要思想、科学发展观为指导，认真贯彻落实党的十八大和十八届二中、三中、四中全会精神，扎实有效开展党的群众路线教育实践活动和社会主义核心价值观学习教育。坚决贯彻执行党的路线、方针、政策，模范遵守国家法律、法规，认真执行国家海洋局决策。圆满完成了北海分局交派的海洋环境观测、监测和海洋灾害预警报等各项工作，出色应对了暑期北戴河海洋环境各项应急响应工作，稳步实现了中心站一年一小步、三年一大步的能力提升目标，取得了显著的成绩，获得了高度认可。

一、思想政治工作稳步推进，党风廉政作风深入人心

在党建思想政治工作方面，一是认真组织学习党的十八大和十八届二中、三中、四中全会精神，特别是重点学习了中国特色社会主义理论以及北海分局部署的学习内容，引导广大干部职工树立正确的理想信念和世界观、人生观、价值观；广泛开展诚实守信和社会公德、职业道德、家庭美德、个人品德教育，组织多种形式的道德实践活动。二是强化党委领导班子建设，做到重大事项坚持在广泛征求职工意见基础上进行研究决策，提高了决策科学化、民主化水平。三是严格执行群众路线，牢记宗旨意识。主动联系群众，了解职工真实诉求和想法，设身处地地为职工排忧解难。四是加强廉政风险防控，打造风清气正的工作氛围。制定了中心站廉政风险防控工作实施方案和防控管理一览表，明确关键领导、人员主要廉政风险，签订了《党风廉政建设责任书》。

二、常规业务工作保质保量完成，安全维稳长效机制成绩显著

全面实施河北海域指令性监测和四大类16项省级监测任务，查清了河北海域环境现状、环境风险、环境开发压力，提出了针对性强、具有可操作性的管理措施。组织开展河北海区的水文气象观测工作，多年来一直保证全部通过国家海洋信息中心的台站资料质量评估，资料良好率达到100%，通过质量控制率达到100%。开展河北沿海海洋环境预警报和防灾减灾工作，出色应对了各类海洋灾害，在减轻河北沿海经济社会和人员财产损失等方面起到了重要的作用，收到了良好的经济效益和社会效益。

在维护安全稳定方面，确立长效工作机制和应急预案，积极开展安全稳定排查工作，准确掌握不安全、不安定因素，做到各种热点、难点、安全问题积极妥善处理，及时化解危机，把各类不安全、不安定因素解决在内部，解决在爆发前。保证了近5年来，中心站未发生重大安全、质量等责任事故，员工无违纪、违法案件及刑事案件，单位无"黄赌毒"等丑恶现象。

三、海洋环境观测、预警报和监测能力稳步提升，海洋科普宣传及公益服务水平再上新台阶

中心站先后完成北戴河海洋环境观测站、三岛海洋环境观测站和曹妃甸海洋环境观测站的建设，新购置6套用于赤潮等海洋环境监测和污染监控以及灾害预警的在线式监测浮标，为全面掌握重点关注海域和热点、敏感海域的水文气象和水质状况提供了基础资料，为各项保障服务工作的开展夯实了基础。

为加强海洋科普宣传和公益服务水平。中心站开通了海洋信息发布和宣传网站，及时更新海洋工作新动态和海洋环境预警报信息。同时，在北戴河老虎石浴场建设了户外显示信息系统，每年暑期通过户外显示屏向浴场和邻近沿海居民发布秦皇岛浴场舒适度预报，并制作和播放了一批海洋环境保护、海洋防灾减灾和浴场有害生物防护等海洋科普宣传信息，取得了良好的社会反响。

四、重点浴场保障服务部署到位,应急处置得力,决策支持科学高效

作为秦皇岛市政府指定的北戴河浴场赤潮、溢油和其他海洋要素的发布窗口。在暑期,广大干部职工紧紧团结在中心站党委周围,兢兢业业、恪尽职守,出色完成了各项保障工作任务,及时将监视监测、预警预报和应急处置工作情况上报给省、市相关部门,供给决策分析,在暑期北戴河海洋环境保障工作中发挥了重要的作用。

在灾害应急处置工作方面,中心站组建了由10艘船只和80名队员组成的赤潮消除队伍,同时负责应急处置决策支持。2013年8月,北戴河外部海域突然发生赤潮,相关主管部门颇为关注。中心站迅速启动了北戴河暑期应急响应工作,经过3小时的海上监视监测、陆岸巡视、预警预报、应急队伍现场待命等多项有效措施的开展,最终将赤潮不会进入浴场的研判信息及时供给政府管理部门,保证了赤潮应急决策的准确和高效,在保障浴场功能正常发挥过程中起到了重要的作用。

国家海洋局崇武海洋环境监测站事迹

崇武站作为海洋局系统一个最基层单位，这些年抢抓机遇主动作为、改革创新攻坚克难，职能职责不断拓展，综合实力显著提升，站容站貌焕然一新，不仅在服务海洋防灾减灾、环境保护的海洋观测预报、海洋监视监测工作中做出骄人业绩，而且在服务地方经济社会发展的技术服务和打造和谐发展社会环境的共建工作中取得令人瞩目的成就。多次获上级机关、当地政府和有关部门授予的"先进集体"等荣誉称号，受到国家海洋局、东海分局和当地政府、海洋主管部门领导的好评，赢得服务对象和当地群众的广泛赞誉。

一、主动作为抢抓机遇，成为融海洋观测、预报、监测、监管为一体的综合性海洋站

（1）海洋观测工作。在常人眼中，观测数据只是一组组阿拉伯数字，但

正是这些数据，关键时刻就可能成为当地政府决策是否要疏散转移群众，以及如何组织防灾减灾的重要依据。作为泉州市和惠安县防汛成员单位的崇武站，为当地政府和有关部门防灾减灾提供科学依据就是他们的一项重要职责。人命关天，容不得半点疏忽。

2010年，崇武站遭遇第10号强热带风暴"莫兰蒂"正半圈狂风暴雨袭击。崇武半岛最高点的高雷山测点，测得每秒45米的瞬间风速和每秒36米的平均风速；崇武渔港海浪浮标测到最大波高3.7米的大浪；崇武东南台湾海峡北侧大型浮标，测到最大有效波高4.7米、最大波高6.7米的巨浪。面对危情，全站职工团结一心，党员身先士卒冲在前面，精心落实各项防台风措施，有条不紊地投入工作。这些"分钟级"的观测数据，为及时准确发布当地海洋灾害预警报，科学组织灾害防御提供了翔实资料和决策依据。

（2）海洋预警报工作。崇武站依托厦门中心站的预报力量，秉承主动服务地方经济社会发展和海洋防灾减灾的理念，为泉州市沿海6县（市）提供海洋环境预报和灾害预警报服务，通过有线电视、报纸、手机短信等，定期发布湄洲、大隆、泉州三个港湾和斗尾、崇武、秀涂三个港口的潮汐、水质、海浪、水温等海洋预报信息，并且在人流密集的公园设立LED显示屏，向游客和过往行人发布潮位、潮时、海浪、水温、风速、风向和滨海旅游、游泳警示等实时信息。

2011年3月11日13时46分，日本福岛发生8.9级地震并引发海啸。16时40分，国家海洋预报台发出蓝色警报，预测海啸波当晚9时前后将到达福建沿海。崇武站接到通知后迅即启动应急预案，第一时间用短信将蓝色警报群发给泉州沿海六县（市）领导和相关部门，同时加派人员值守，密切关注潮位变化。

（3）海洋监测工作。崇武站的监测工作，不仅是取海水、送样品和现场要素分析，还负责在实验室对海水、沉积物样品大部分要素的检测分析。目前该站承担的监测工作，一是泉州市惠安、泉港、石狮、晋江、丰泽、南安6个沿海县（市）每月一次的近岸水质监测。二是泉州湾海洋环境、海水入侵监测。三是石狮大堡集控区和泉港区城市污水处理厂排污口的监测。四是辖区内主要码头、船厂、热电厂围填海工程的海洋环境影响跟踪监测。

崇武站的应急监测工作也十分出色。2011年4月11日，崇武站接海监飞机在石狮市祥芝镇和崇武渔港海域发现有漂浮油污的信息后,立即启动预案,组织力量开展溢油应急监测,第一时间将监测数据向上级和社会有关部门通报,为上级和有关部门应对决策提供了依据。2011年6月,晋江深沪湾发生较大规模赤潮并漂至崇武风景区。接到泉州市海洋与渔业局委托开展应急监测通知后,崇武站加班加点分析样品、编写监视监测分析报告,为地方海洋部门应对赤潮灾害,渔民兄弟减少灾害损失提供及时准确信息。

二、齐心协力奋力拼搏,建成我国站容站貌设施一流的海洋站

2011年2月28日,崇武海洋站新站正式落成使用。这个占地5933平方米,建筑面积2000多平方米的新站,位于崇武镇前垵村西沙湾畔的高雷山顶,面对东海万顷碧波,视野开阔,环境宜人。蓝色屋顶的业务楼、观测楼,与碧海蓝天相映生辉,无论是办公室、值班室、实验室、观测场、机房和会议室,还是职工餐厅、健身房和党员活动室,均宽敞明亮、洁净舒适、设备完善、配套齐全。洁白大理石的围墙,雕刻着祥云、浪花图案,院内绿树红花、乘凉小亭、崎岖石径与沿岸翻卷的波涛,构成一幅如同海滨公园一样的美景。这是目前东海分局乃至全国海洋系统占地与建筑面积、环境绿化与美化、办公条件都堪称一流的基层海洋观测台站。其建筑风格已成为基层海洋站建设的样板。

三、主动服务当地经济社会发展,用真心真情构建和谐周边环境

(1)主动服务当地经济社会发展,自我发展能力得到显著提升。这些年,崇武站不仅指令性任务完成出色,而且通过主动服务地方经济社会发展,自我发展的能力得到显著提升。如今的崇武站,由于在客户中的口碑好,2011—2013年的3年中,累计签订技术服务合同36个,年均技术服务收入298万元,人均年创技术服务收入近30万元,客户回访满意度100%。这对于一个基层海洋站来说相当不易。

(2)用真心真情构建和谐周边环境,赢得社会对海洋站工作的理解支持。新站建成后,大家认识到从今往后就要在这里长期工作和生活,只有用

真心真情构建一个和谐稳定的周边环境，才能化解当初因基建与村民产生的矛盾，才能赢得当地村民和周边单位对海洋站工作的理解、支持和信任。

为加强与村民的沟通，建立起互谅互助的良好情谊，村里修建村道，站里主动捐资，建成一条宽阔平坦，双方共用的大道。站里又挤出3.5万元资金，帮助村里修建青山宫广场和海水浴场。每逢重阳节，站里还会拿出5000元慰问村里的老人。得知村里一名小学教师身患癌症、一名大学生因父母残疾无法缴交学费时，站里又发动员工捐资5500多元予以帮助。点点滴滴的善事，感动了村民，双方的关系越来越融洽和谐。

四、领导身先士卒，锻造职工队伍爱岗敬业奋发有为精气神

崇武站这些年的巨大变化和优异成绩有目共睹。变化成绩的背后，与东海分局与厦门中心站的正确领导和当地政府、有关部门与社会各方的关心支持分不开，更与崇武站的带头人团结带领全站职工主动作为、开拓进取、奋发有为的不懈努力分不开。

这些年，崇武站重视基层党组织和职工队伍思想作风建设，重视发挥党支部战斗堡垒和共产党员模范带头作用，努力锻造职工队伍爱岗敬业、奋发有为的精气神。为了促进职工队伍思想业务素质提高，党支部认真落实"三会一课"制度，采取"请进来，走出去"的办法，组织党员和入党积极分子听党史、形势政策和职工思想教育专题报告，坚定大家的理想信念，激发大家爱岗敬业的使命感、责任感。

　　崇武海洋站，虽然办公楼变美了，工作环境变好了，观测手段先进了，但他们"观海测浪、爱岗敬业"的老传统没有丢，受坚韧、勤劳、质朴、无私"惠安女"精神的长年熏陶和激励，传承和铸就了独具特色的崇武精神。如今，他们正以贯彻党的十八大建设海洋强国战略部署，推动新时期海洋工作实现"四个转变"为契机，秉承"艰辛成就伟业、奋斗创造辉煌"的信念，朝着具有更高水平、成为国内一流示范性海洋站的目标阔步前进，努力用一流的工作业绩和改革创新的时代风貌，争创国内一流示范性海洋站。

中国海警2350船事迹

中国海警2350船前身为中国海监50船（简称"50船"），隶属于中国海监东海总队第五支队。该船采用了先进的ABB电力全回转推进系统，船上配有可控被动式减摇水舱系统，能抗12级台风，并搭载了Z-9A型直升机、卫星动力控位设备、卫星通信导航设备以及先进的海洋巡航、调查、取证设备，是一艘多功能海洋执法监察船。

2011年3月2日，出席该船下水仪式的时任国家海洋局局长刘赐贵称中国海监50船为"海监新旗舰"，它的下水将大幅增强中国海监对东海海域的执法监察能力和海洋维权能力。这是国家海洋局领导首次将"海监新旗舰"这一光荣称谓赋予海监50船，是期望，更是鞭策。

"争创海监新旗舰"——饱含着国家海洋局、中国海监总队对海监50船维

护海洋权益、为海洋强国之梦贡献力量的殷切期望，也成为50船这个集体的工作目标。

为更好地实现这一目标，该船结合正在开展的"创先争优"活动，决定实施"文化建设项目"，与浦东干部学院网络学院结对共建学习型组织，开展了以工作环境、生活环境美化和现代化为主要内容的物质文化建设；以海监礼仪为主要内容的行为文化建设；以严格制度为主要内容的船舶安全文化建设等活动。

该船还围绕"争做主力战舰，展旗舰风采"开展工作项目责任制，把船员分为驾驶、轮机和后勤三个小组，把"争创新旗舰"作为一个工作项目，小组长为项目负责人，带领本小组成员围绕项目目标各显其能，各尽其责，以高昂的斗志投入到海洋维权的实战中，以切实的行动展现出"敢打勇胜新旗舰"的精气神。

2011年12月13日，中国海监50船迎来了诞生后

的首航——东海定期维权巡航执法，开始正式履行海洋巡航维权执法的神圣职责。首航中，50船抵达中国200海里专属经济区范围内的日向礁、苏岩礁附近海域、中日共同开发区海域以及中国"春晓""平湖"油气田周边海域，并执行了海空联合巡航维权执法，受到了新华网、凤凰网等国内外媒体的高度关注。

2012年3月13日上午，刚结束调查任务的中国海监50船接到赴钓鱼岛执行维权巡航任务的紧急指令。从接到命令到起航只有一天的准备时间，但在船领导的组织下，全体船员迅速到岗，积极开展备航工作，到当日晚上11时，备航工作就提前完成。3月15日中午，中国海监50船编队在东海指定海域集结，向钓鱼岛海域挺进！然而，起航没多久，编队就与南下的强冷空气频频相遇。巨大的风浪导致船身单边倾斜一度达到30度。航行遭遇风浪，船体大幅度摇晃，机械轰鸣高温，海监50船在艰难中勇往直前。在我方编队抵近钓鱼岛毗连区海域时，发现了日本海上保安厅PL61、PL62和PLH06三艘船只。我方编队立即接近日方船只，向其喊话、表明身份、询问动态并申明立场，要求其离开该海域。同时，面对日方船只和飞机的干扰，50船驾驶人员凭借过硬的驾驶技术，利用双桨全回转电力推进装置机动灵活的特点，在与日方船只的周旋中时刻占据主动，在钓鱼岛领海及毗连区有效地开展了维权执法行动。此次专项行动，是该船首次亮剑钓鱼岛，有力地打破和削弱了日本对我钓鱼岛及其附属岛屿的实际控制，捍卫了祖国的海洋权益，体现了我国政府对钓鱼岛的行政管辖权。

胜利返航后的50船没有时间进行休整，而是马不停蹄地驰骋在祖国的万里海疆上：载运全国人民代表大会环境与资源委员会的同志赴西沙永兴岛进

行"海岛保护调研任务";执行黄岩岛专项维权任务;护送保钓船"启丰二号"安全返回香港;接受时任国务委员兼国务院秘书长马凯同志的视察……

这些重大任务的背后,都有50船船员们不知疲倦的忙碌身影。

2012年9月13日,随着日本政府签署所谓的"钓鱼岛购买协议",钓鱼岛紧张局势愈演愈烈。按照上级部署,中国海监50船作为指挥船,迅速率领两支海上巡航编队进入钓鱼岛海域。9月14日凌晨,有近10艘日本船只非法进入我钓鱼岛海域,干扰50船编队正常巡航执法。在进行摄影摄像取证的同时,海监50船采取主动喊话、鸣笛等方式宣誓主权,表明我国政府态度。面对日方船只的阻挠,50船迅速调整航向,全速向钓鱼岛逼近。最终,50船编队成功突破日方三道防线,进入钓鱼岛12海里领海基线范围内,编队船只最近离钓鱼岛主岛仅1.5海里,并长时间在钓鱼岛领海宣誓主权。此次行动有力配合了我国的外交斗争,并开启了中国海监在钓鱼岛海域常态化巡航的序幕。

2012年10月3日,配有舰炮、机枪等重武器的日本海上保安厅巡视船不顾《国际海上避碰规则》,多次穿插、夹击我海监巡航编队。海监50船根据航前预案,临危不乱,灵活处置,与日船展开针锋相对的斗争。

2013年4月23日,日本右翼分子非法进入我钓鱼岛海域寻衅滋事。海监50船编队立即对近10艘日本右翼分子船只实施驱离。迫于中国海监的现场执法

压力，日本渔船陆续驶离我钓鱼岛海域。此次行动，有力地挫败了日本右翼分子的企图。

从首航维权到常态化巡航钓鱼岛，再到成功驱离日本非法船只，每次行动都活跃着50船船员的身影；所有成绩，都折射出50船用新旗舰的精气神谱写了示主权、壮国威、振民心的华彩篇章。

随着国家海洋局职能的调整，2013年6月，中国海监50船正式更名为"中国海警2350船"。新的舷号，新的责任，新的使命，但不变的是50船载着那些英雄们，在钓鱼岛，在祖国的海疆，坚守、挺进。在东海"使命2014-D"实战演练中、在中建南护航保障任务中，中国海警2350船在整体配合中发挥舰船优势、在短兵相接中彰显战斗能力，以敢打勇胜的先锋舰船形象再次赢得上级的高度肯定和社会的广泛赞誉。

中国海警2350船船长、"中国年度十大海洋人物""中国年度十大法治人物"当选者黄祈泉用一句话概括总结了这个坚强的战斗集体：我们的船员人人都是奋力的航海者，维权的急先锋，我们的船就是敢打勇胜的新旗舰！

国家海洋局南海海洋工程勘察与环境研究院事迹

国家海洋局南海海洋工程勘察与环境研究院（以下简称"研究院"）隶属于国家海洋局南海分局，成立于2000年3月8日，由最初8人发展至如今84人，人才结构年轻，专业组成齐全。其中博士及硕士各有三十多人，涵盖环境、化学、生态、规划、地理、经济、测绘、RS及GIS等十多个涉海专业。研究院是中国海洋工程咨询协会"十佳单位"，拥有良好的服务资质，持有《海域使用论证资质证书》（甲级）、《建设项目环境影响评价资质证书》（乙级）、《船舶污染海洋环境影响风险评估资质》、《测绘资质证书》（丙级）和《海洋功能区划编制单位》等多类资质证书，还是规划环评、海岛保护规划、海岛使用金评估、无居民海岛规划及使用论证等技术报告编

制的推荐单位。近年来，致力于"推动科技进步，提供技术支撑"，在各领域取得较大突破。

（1）积极承担海洋咨询与服务工作，海域使用论证和区域建设用海规划处于行业领先水平。多年来共承担海域论证项目300多项、海洋工程环境影响评价200多项、海洋规划和发展战略研究40多项。为国内大型涉海工程提供服务，有效保障了中海壳牌、湛江钢铁基地、中船龙穴造船基地等多项国家重大工程的科学合理用海。在为海洋经济服务同时，为海洋综合管理提供技术支持，起草编制了《海域使用论证技术导则》《区域建设用海规划编制技术规范》《海砂开采项目海洋环境影响评价技术规范》等行业标准、技术规范，还参与了《全国海洋公园规划与管理技术研究》《海域使用金征收（修订）》《全国围填海管理技术研究》等课题研究，为主管部门提供技术支撑。

（2）依靠人才优势，结合海洋科学队伍专业力量，为港澳海洋经济服务。先后承担了香港电灯及香港中华煤气公司的管线工程、澳门新城填海、澳门大学过海隧道、澳门第四通道用海等咨询服务，并作为港珠澳大桥环保顾问，为大桥和整治工程施工建设提供海洋环保咨询，首次构建了建设单位、施工单位、监理单位和顾问单位"四位一体"的环境管理体系，开创了国内海洋工程项目的先河，实现开发与保护并举，增强了企业和公众的环保意识。

（3）发展海洋遥感技术团队，利用无人机、机载高光谱成像系统等设备，在南海区率先推广无人机技术应用。承担国家"908"及"863"等专项任务，实施了众多海岸和海岛保护利用、综合整治规划，并提供海域使用动态监视监测服务。同时，承担了南沙和西沙等相关岛屿利用的研究工作，承担海洋公益性科研专项《西沙群岛典型岛礁变迁立体监测、评估与示范项目》，并策划了海岛生态实验基地建设工作。

（4）为抵御海洋灾害提供公共服务和技术支撑。开展航空遥感灾情信息快速提取技术研究，编制完成海洋灾害调查、数据采集统计报送等相关制度和技术要求；参与《海洋灾情快速评估和综合研判系统研发与应用示范》海洋公益专项研究工作，开展"尤特"和"天兔"等风暴潮灾情调查工作；承担国家海洋局三类重点行业沿海大型工程之一的中国海洋石油总公司惠州炼化项目海洋灾害风险排查项目，对石化基地海洋灾害风险进行风险调查、评估，建立完善的风险排查技术规范；参与起草广东省海洋灾害公报等工作。

（5）承担和参与南海区海洋经济调查、评估、监测等工作，主持编写广东省海洋经济调查、统计及监测研究，承担了省、市海洋生产总值核算以及大量海域和海岛资源价值评估工作。参与第一次全国海洋经济调查工作总体方案设计，派员参加全国海洋经济调查办公室工作。参与海洋公益专项《海洋强国建设的评价体系研究及应用》，负责南海区广东、广西和海南三省的海洋强省、强市、强县的现状调查、评价体系和技术指南制定等重要任务。

（6）参与国家级海洋保护区生态监控体系建设和海洋生态环境保护信息化建设的顶层设计，负责南海区国家级海洋保护区生态监控体系建设规划和具体实施工作。开展海洋生态文明示范区的构建内涵研究，提出海洋生态文明支撑、运作、彰显和保障四大体系构想，为建设海洋生态文明示范区提供工作思路和相关量化指标。开展海洋生态管控制度研究，参与海洋公益专项

《海洋生态红线区划管理技术集成研究与应用》课题研究工作。

研究院的咨询服务在涉海部门和用海企业中享有较高信誉，咨询能力和服务水平在同行业领先。在履行技术服务合同中，加强质量管理，资料成果质量可靠，促进了海洋事业和地方经济的发展，也带动了本单位经济效益逐年增加。

此外，还积极参加海洋科学研究，热心海洋公益事业，履行社会责任，在海洋环境保护、资源循环利用方面起到了创新和示范作用。作为中国海洋工程咨询协会海洋资源开发分会秘书处所在单位，承担了海洋资源开发分会前期筹办工作和日常工作，筹备成立了分会专家委员会，健全了分会管理制度，组织编写《海洋资源开发动态》刊物。积极协助广州南沙新区申请并获得南海区首个国家级科技兴海产业示范基地，推动地方海洋事业发展。多年来一直致力于疏浚泥综合利用技术和产业化的研究工作，建立了首个海洋疏浚泥综合利用技术推广示范基地（深圳），推动海洋环保产业的发展，实现可持续发展。

在发展业务及科研的同时，研究院注重人才队伍的建设，引进多名海外学者、博士，锻炼出一支高学历、年轻化、能拼会干的专业队伍，塑造了一个勇于创新、团结向上的先进集体，为南海区各沿海城市的海洋经济发展提供优质服务，做好坚实保障。

中国海监南海维权执法支队事迹

中国海监南海维权执法支队（加挂中国海监南海总队通信站），主要职责是负责实施国家海洋权益维护和海洋行政执法监督检查，及南海分局、南海总队通信管理保障工作。近年来，支队党委坚持以邓小平理论、"三个代表"和科学发展观重要思想为指导，认真贯彻落实党的十八大和十八届二中、三中、四中全会精神，以转变观念、转变职能、转变作风、强化服务意识、提高全员的思想政治觉悟和执政为民能力为宗旨，努力打造一支政治坚定、业务精通、清正廉洁、作风优良的高素质队伍，在海洋维权执法工作中取得优异成绩。在国家海洋局党组和南海分局党委的正确领导下，支队党委与时俱进、开拓进取、带领全体干部职工不断开创工作新局面。

一、党旗高扬促和谐

在南海分局党委的正确领导下，中国海监南海维权执法支队党委紧扣发展脉搏，围绕中心任务，按照"打基础、强组织、抓班子、带队伍、促发展"的工作思路，大力开展党的组织、思想、人才、文化、廉政建设，从最

全国海洋系统先进集体、先进工作者典型事迹汇编（2014年度）

初的党支部到成立党委，一路走来，不断创新党建工作模式，发挥维权执法独特的政治优势，突出思想引领，凝聚发展力量，为队伍的和谐健康发展提供了坚强的政治保障和精神动力。

"火车跑得快，全靠车头带。"支队党委致力于打造一个具有强大凝聚力和战斗力的领导班子。数年来，班子成员团结一心、作风民主、坚持改革、勇于创新、勤政廉政。干部职工团结进取、奋发向上、甘于奉献。支队党委根据海上维权形势发展创新党员队伍教育模式，开创性地推出了开放式的学习平台——"海上移动课堂"，并同步建立基层支部书记培训制度。深化党建带团建，建立团支部，搭建青年成长成才交流平台，举办形式多样的文体活动，引导青年立足岗位实际，建功立业，充分发挥团支部引导青年、组织青年和服务青年的作用。

二、勇挑维权重担，用忠诚谱写光辉篇章

作为一线维权队伍，中国海监南海维权执法支队先后派出大批执法人员随船前往黄岩岛、钓鱼岛等海域执行专项维权任务，谱写了许许多多感人肺

118

腑的动人篇章。

支队成立以来，共完成定期维权巡航执法135次，专项维权巡航执法210航次，全体执法队员随各海监船出海共计10 313天，执法航迹遍布了东海钓鱼岛、南海全部海域。执法人员对南海外占岛礁、南沙海域外建油气平台抵近巡航观察；对外籍非法作业船队进行驱赶阻止；对非法进入我管辖海域进行海洋调查的外籍军事舰船驱离、跟踪监视；对黄岩岛、钓鱼岛主权维护巡航中，共发现外籍目标船舶1500余个，飞机100架次，获取资料照片12万余张，记录视频录音资料7万余分钟。维权执法总航程达283 236海里，总航时58 045小时。

为圆满完成海上维权任务，我们的执法人员无私奉献，忘我工作。有的年过半百，身患数病，带着大包小包的药品出海；有的不顾家中房屋被洪水侵蚀，毅然上船；有的身在海上，家中肺癌晚期，久卧在床的亲人突然离世……他们说，当祖国海洋权益受到侵害，当个人利益与国家利益发生冲突时，唯有舍小家，顾大家，才不辜负海监队伍的光荣使命！

三、海洋维权，信息先行，知己知彼，百战不殆

2011年，按照南海分局领导的指示，维权支队党委精心编辑制作《南海维权信息汇编》，每日一期，将当日南海形势、动态、新闻、评论收集整理，编辑成册，供南海分局及南海指挥中心领导参阅。该《汇编》着重从南海问题的各个事件和细节入手，努力理清每起事件的发展脉络，并从各国媒体的评论和态度中窥察事物发展的方向，从而为分局领导决策提供参考，为进一步研究南海问题和未来妥善处理南海问题提供信息支撑。

300多个航次，12万多张资料照

片，7万余分钟的音视频资料，支队全部编辑整理成资料库，随时可供查阅。同时，为进一步做好南海维权的宣传工作，建设多元化宣传平台，维权支队还组织人员对大洋非编工作站、音频工作站及各类视频编辑处理软件进行学习和应用培训。如今无论是拍摄、剪辑、还是配音都具有相当水平，已能独立制作高水准视频资料片，为南海维权资料收集打下坚实的基础。

四、科技彰显实力，通信为维权护航

没有信息化，就没有海洋维权事业的现代化。在高科技手段层出不穷的今天，信息化工作从没有像今天这样在中国的海洋事业中占据如此重要的位置。现代海洋维权斗争中，通信保障工作更是成为决定维权斗争胜利与否的重要因素之一。中国海监南海总队海监专网的建设、海监大楼办公网络改造及机房建设、声像资料存储系统建设等诸多工程的完工，使南海总队的信息化工作一举走在了全国海监系统的前列。这一成绩的取得，支队通信技术人员付出了辛勤汗水。同时，支队通信技术人员利用海监船的卫星通信B站、C站，成功在船岸间安装并推广使用了邮件传输系统、电子数字报文收发系统，使船岸通信全面进入了信息化处理阶段，从而为海上维权斗争的胜利奠定了通信保障这一基石。

国家海洋局国际合作司
（港澳台办公室）
国际组织处事迹

  国家海洋局国际合作司国际组织处作为国家海洋局分管多边海洋合作的业务处室，主要负责联系、协调、沟通我国加入的20多个涉海国际公约、组织和机制，牵头组织实施国际海洋合作项目与计划等，处内人员共4人（其中1人借调下属单位）。国际多边机制和谈判是我国参与全球及区域规则制定、实施海洋外交、维护国家权益的重要"角力场"，但由于多方面原因，这一直是我方的"外交短板"。融入国际舞台，引导规则制定是非常不容易的。国际组织处在2014年的亚太经济合作组织（APEC）第四届海洋部长会议举办期间克服重重困难，积极引导亚洲太平洋地区海洋新秩序的建立，表现突

出，成绩显著，为会议的成功召开做出了重大贡献。

APEC第四届海洋部长会议是积极落实领导人会议指示精神及我国迄今在海洋领域召开的最高级别国际会议。党中央国务院高度重视本届会议，中共中央政治局常委、国务院副总理张高丽、国务委员杨洁篪对本届会议专门做了重要批示。APEC各成员与相关国际组织的200余名代表出席会议，本届会议代表不论是在级别规格还是人数规模上均远超往届。在各方的共同努力下，在我方主导和推动下，本届会议取得了以《厦门宣言》为主的一系列重大积极成果。该宣言开创性地提出了"科技创新"和"蓝色经济"等新兴合作领域以及45项具体倡议，进一步凝聚了亚洲太平洋地区海洋合作共识，极大地提升了我国在亚太海洋事务中的领导力和话语权。同时，这些海洋成果也得到了国务院和外交部领导的高度赞赏，首次以大篇幅、高质量和单附件的形式在APEC领导人非正式会议和双部长会议成果文件中充分体现，开创了历史的先河。

在这一过程中，国际组织处作为主要的负责处室，在国家海洋局党组指挥下，在国际合作司和其他业务司的直接指导下，在兄弟单位和部门的大力支持下，发挥了重要的、不可替代的作用，确保了会议的成功召开。主要表现在：

一是始终坚持以科学发展观为指导，从会议申办、筹备和实施过程中，扎实落实党的路线方针与政策。从申办会议之初，我方就面临着来自美国、日本、菲律宾、越南等国的重重压力，美国甚至在公开场合多次反对，但我方始终坚持不妥协，坚信"邪不能胜正""是金子总会发光的"，坚定不移地按照部署推进实施。在与包括美国在内的多个APEC成员国展开了30多次面对面谈判之后，最终说服其支持我方办会。在筹备的200多天里，国际组织处加班加点，完成了多达136项的国际国内沟通、协调、磋商与落实工作，覆盖了会议的每个细节，体现扎实、务实、求实的工作态度和作风。

二是团队有着高度的凝聚力和战斗力，上下齐心，积极发挥民主，让年轻人挑大梁。处里人员少，加上借调的4名同志，主要参与此次活动的人数不超过7人，平均年龄29岁。在人员严重短缺的情况下，处领导带头加班加点，同志们积极奋战在第一线，连续数月超负荷工作，会议期间更是每天凌晨三点以后才睡觉，多次错过吃饭。期间上呈各种请示近百件，起草各级各类文稿50余篇、10万余字，审核各类稿件20余万字。鼓励"传帮带"，大胆启用新人，给年轻同志压担子，并注意在过程中强化学习，武装队伍，体现责任心，团队内部始终保持积极向上、乐观奉献、开拓创新的工作斗志。

三是搞好顶层设计、长远筹划和布局谋篇，表现出极高的业务水平和外交素质。在现今全球海洋局势日趋敏感和激烈的形势下，我方举办此次高级别会议面临的困难可想而知。国际组织处耗时4年着手谋划，积极研判国际形势，逐步推进，展开积极主动的沟通和谈判，增信释疑。同时善用国际组织惯例与规则，逐步将中方提出的"蓝色经济"等倡议、行动上升为国际组织的项目与共识，是从跟随学习规则向引导制定规则转变的重要突破。办会过程中，处里同志要负责政策把握、预算申请、会务协调、安保沟通以及新闻宣传等多项工作，涉及机构30多家和1000余人，一人往往身兼数职，表现了极高的业务水平和能力。

四是团结协作，与国际国内多个层面建立了有效的沟通协调机制，做好应急策略。以有效沟通为目的，注重团结，讲求协作，分工不分家。国际层面上，我方抓住主要矛盾，确定了9个重点成员，以双边会谈和磋商为先导和突破，与美国、日本、印度尼西亚等主要国家形成"利益共同体"，巧妙化解了许多矛盾和分歧。国内与外交部、公安部、农业部、厦门市等保持密集、顺畅的联系，形成了政策、会务、宣传、安保等多个对接机制，召开了70多次会议和面对面沟通，遇到问题及时解决，做到"不推诿，不拖拉，不矫情"。尽管过程中充满了汗水和泪水，却是"痛并快乐着"。

五是严格遵守国家法律法规和海洋管理方面的各项规章制度，严于律己，清正严明。认真贯彻落实党中央关于反腐和"八不准"的各项规定，在办会过程中，积极组织人员开展专门培训，对国家规章制度、法律法规时时念，时时查，时时管，在这支年轻的工作团队中灌输社会主义核心价值观的

"正能量"。通过事先多次沟通与协调,以小钱办大事,纪律严明,态度端正,克勤克俭,得到了主办地城市和财政部有关部门的一致赞赏。

国际组织处在部长会议期间尽管面对如此繁重的工作任务,但是其他业务工作没有因此而停滞或受到影响,仍稳步推进,包括协助外交部完成了2014年联合国框架下的多次海洋事务磋商任务;经国务院批准,正式代表中国实施《北太平洋海洋科学公约》;《南中国海区域海啸咨询中心建设实施方案》获得国际组织通过并着手实施;2014年继续承建了3个重要国际组织和机制的在华中心;顺利招录了获得2015年中国政府海洋奖学金的35名外国留学生等。

国际合作司国际组织处所取得的成绩离不开多方面的指导和支持,并将一如既往,继续积极履行维护海洋权益、开展海洋外交的职责,积极为维护海洋权益与国际合作工作做出新贡献。

国家海洋信息中心海洋环境信息保障技术重点实验室事迹

(机 密)

注：(事迹略)

国家海洋环境预报中心海洋气象预报室事迹

全国海洋系统先进集体、先进工作者典型事迹汇编（2014年度）

国家海洋环境预报中心海洋气象预报室是该中心预警报业务的重要支撑部门之一，负责组织、开展我国滨海旅游及娱乐用水的公益预报服务；组织、开展国家海洋局重大海上活动的专题预报及服务保障工作；为海上重大工程提供精细化预报保障服务。成立至今一直为海洋经济发展、海洋权益维护、海洋科技进步、海洋环境健康保驾护航，取得了丰硕的成果。拥有一支优秀的预报保障队伍，长期活跃在海洋防灾减灾、南北极科学考察、海上维权执法、"蛟龙"号海试及国家重大工程的任务现场，以及时准确的预报、优质的服务确保了各项任务和工程的顺利开展，为国家海洋局赢得了荣誉，收获了信任，见证了我国海洋经济的飞速发展和海洋强国战略的顺利实施。

气象预报室常年战斗在海洋防灾减灾一线，负责海上大风、海雾、台风

等灾害性天气的预警报工作，保障区域由近岸、近海、西北太平洋到全球大洋。哪里有会商、哪里有应急，哪里就有气象室人员的身影。近几年通过技术创新，预报保障能力和水平不断提高，产品的内容和形式也不断推陈出新。

圆满完成历次南北极考察航线预报保障任务。从1984年至今，圆满完成了国家海洋局组织的共计30次南极科学考察和6次北极科学考察的航线、卸货和大洋调查的预报保障工作。得到了极地办公室和历次考察队的高度认可，也得到了局领导的好评。

2014年1月，第30次南极科学考察期间，"雪龙"船由于营救被困俄罗斯船只而被困密集浮冰区。气象室准确预报了6—7日的西风过程，为"雪龙"脱困提供了强有力的保障。2014年11月1—3日，第31次南极科学考察队起航后，气象预报室及时准确预报了1420号台风"鹦鹉"的路径及转向点，为"雪龙"船航行节约了大量时间，确保了后续重大活动顺利开展。

圆满完成"蛟龙"号载人潜水器7000米级海试的预报保障任务。2009—2012年，承担了"蛟龙"号载人潜水器海试期间的海洋环境预报保障任务。针对各阶段试验海区天气的不同特点，强化对试验海区进行全面的气候背景分析，编写详细的预报保障实施方案，最大限度地利用资源组织建立了强大的后方预报保障团队；与现场预报保障人员通力合作，为各阶段海试给出试验海区的预报和下潜建议，圆满完成了"蛟龙"号1000米级、3000米级、5000米级、7000米级4个阶段共51次下潜的海洋环境预报保障任务。2013年至今，海洋气象室一直承担着"蛟龙"号试验性应用航次的预报保障工作。

不断适应我国海上维权工作的新形势，全面做好海上维权预报保障工作。自1982年中国海监总队成立起，一直为海监总队提供海洋环境预报保障服务。2013年，随着中国海警局的成立，开始为海警局各相关部门在我国管辖海域的维权执法活动提供气象预报保障。

随着海上维权形势的不断变化，气象室主动对预报产品的内容、形式、发布方式进行更新，以满足执法船舶及其指挥部门的需求。创新性地建立了"点（重要维权岛屿）、线（重要航线）、面（重点海域）"相结合、"短—中—长"期时效相衔接的预报产品体系。遇有重大活动，预报人员24小时值班坚守，加密提供监测预报产品和决策服务信息。其中2012年5月，圆满完成中国海监"南沙巡航"的预报保障任务。2014年7月，为海警部门在中建岛执行任务提供预报保障，启动了对台风的加密监测和预警报服务，保障工作获得中国海警局和国家海洋局好评。

服务海洋经济，为海上生产、远洋运输、渔业安全生产和重大工程的安全施工提供预报服务。针对海上工程施工日益大型化和复杂化，开展了海上重大工程精细化预报保障技术的研发，为海洋经济保驾护航，取得丰硕成果。

2011年至今，一直坚守在有"世纪工程"之称的港珠澳大桥岛隧工程一

线，承担预报保障工作。截至目前，圆满完成了14根管节浮运安装的精细化预报保障。准确的预报、优质的服务，获得港珠澳大桥岛隧工程指挥部颁发的"精确预报作业窗口，鼎力保障超级工程"的锦旗。

海洋气象预报室成立至今已有49年，海洋气象预报团队一直恪守岗位职责，以精益求精的工作态度，扎实做好每项预报保障工作，与所有海洋人一起见证我们祖国一步步走向海洋强国的每一天。

海洋气象预报室最近几年获得的荣誉称号：

（1）2004年获国家人事部、国家海洋局"全国海洋系统先进集体"荣誉称号。

（2）2005年获中央国家机关工委"巾帼建功"先进集体荣誉称号，获国土资源部"巾帼建功"先进集体荣誉称号，获国家海洋局直属机关党委"巾帼建功"先进集体荣誉称号。

（3）2007年获中国海上搜救中心"全国海上搜救先进集体"荣誉称号。

（4）2008年获全国妇联授予的"全国三八红旗集体"荣誉称号。

（5）2013年获得人力资源社会保障部、国家海洋局"蛟龙号载人潜水器7000米级海试先进集体"荣誉称号。

（6）2013年，部门人员苏博获得中华人民共和国人力资源社会保障部、国家海洋局"蛟龙号载人潜水器7000米级海试先进个人"荣誉称号。

（7）2013年，部门人员宋晓姜获得"海洋权益维护先进工作者"荣誉称号。

（8）2014年获得中华全国总工会的全国《工人先锋号》荣誉称号。

国家海洋局天津海水淡化与综合利用研究所海水淡化技术研究室事迹

一、集体概况

海水淡化技术研究室（简称"淡化室"）作为国家海洋局天津海水淡化与综合利用研究所的下属机构，现有成员46人，硕士学位以上人员占78%以上，45岁以下中青年技术人才占90%以上，副高以上职称达48%，专业方向覆盖化学化工、机械、材料、电子等学科领域，相继打造了国内首套自主知识产权的蒸馏海水淡化装置，设计了国内首台双膜法和首台单机最大的反渗透海水淡化装置，并第一次让中国的大型海水淡化装置走出国门。淡化室在海水淡化方面具有良好的研究基础和技术实力，形成了自主系列化低温多效、

反渗透海水淡化技术，先后承担并完成多项国家科技攻关、科技支撑计划、"863"计划、海洋公益性行业专项以及天津市等地方重大科研项目，拥有专利50余项，出版专著3部。

二、攻坚克难，自主创新

近年来，淡化室相继承担了国家科技支撑计划项目中多个研究课题，取得了低温压汽蒸馏、低温多效蒸馏（MED）等多项科技成果。由淡化室设计的国内首个3000吨/日低温多效海水淡化示范工程国产化率达到99%，造价为同等规模进口设备的60%左右，实现了我国低温多效海水淡化自主技术零的突破。

在攻克热法海水淡化的同时，淡化室在反渗透（RO）海水淡化技术研究及成果转化、工程实施方面屡有建树。设计的国家发改委2004年节能节水资源综合利用项目"青岛华欧集团有限责任公司海水淡化示范工程"，首次采用国产高压泵和增压泵，打破了RO工程关键设备全部依赖进口的局面，造价比国际供货降低约30%。二期设计完成的10 000吨/日RO工程，成为国内首台单机规模最大的反渗透海水淡化装置。

通过十多年的研究，该室在海水淡化基础性研究、关键部件开发、装置的设计和制造、工程建设及设备运行等方面均取得了大量技术成果，个别单项技术达到世界先进水平，初步形成海水淡化工程建设成套技术。在MED方面，完成3000~25 000吨/日系列化设计；在RO方面，完成从单机千吨级到万吨级的跨越，攻克

多项关键技术。2013年，成功中标福建古雷10万吨/日反渗透海水淡化工程，打破我国大型淡化工程被国外公司垄断的局面。2014年申请"十二五"国家科技支撑计划项目3项，已批复1项，经费1366万元；另2项通过可行性论证，等待预算批复。

三、打破垄断，走向国际

在立足国内的同时，淡化室还积极参与国际项目的竞争与建设。2007年，在淡化室的技术支持下，众和海水淡化公司击败国际知名公司，相继中标印度尼西亚英德拉玛尤（INDRAMAYU）电站2×4500吨/日低温多效蒸馏装置以及龙湾（BANTEN）和巴齐丹（PACITAN）电站共4台套3000吨/日低温多效蒸馏装置项目，总合同额达2.7亿元。受众和公司委托，淡化室抽调骨干力量，进行了为期半年的集中封闭设计工作，顺利完成设计任务。主体设备委托东方汽轮机厂加工，2008年汶川地震猝然袭来，该厂损失巨大，加工进度受到严重影响。在灾难面前，淡化室多次外派工程师赴加工现场指导，协同加工厂克服困难，全力以赴，实现了第一台装置于7月19日发运。装置运抵现场之后，淡化室委派工程师赴现场调试指导。2011年9月，装置通过了项目业主组织的性能考核，表明各项指标均达到了设计要求。2011年10月12日，2×4500吨/日低温多效蒸馏装置随同电厂一同完成移交。

这一国内首次出口的拥有自主知识产权的最大热法海水淡化装置的成功移交，开创了我国在该领域进军国际市场的先河，为国产大型海水淡化设备打破国外垄断创造了条件，对提升我国海水淡化设备研制及安装调试能力、推动海水淡化事业发展具有里程碑式的意义。

四、技术支撑，服务政企

淡化室长期为国家部委、各级政府和企业提供决策和技术咨询，包括参与国内首个《海水利用专项规划》中的海水淡化部分编写。自2000年以来，该室相继为各级政府、国内外知名企业和机构提供相关技术咨询近70项，促进了我国多项重大海水淡化项目的上马。

受北京市水利院委托，淡化室开展北京市利用海水淡化工程专题研究，并通过了北京市发展和改革委的评审，为北京市政府研究南水北调以外的市政供水方式提供了决策依据。受曹妃甸工业区管委会、挪威阿科凌公司等单位委托，编制了6部咨询报告，提出了工程技术方案和分步实施方案，树立了政府及企业通过海水淡化解决曹妃甸工业区淡水问题和向周边供水的信心。

按照全国海洋标准化委员会的要求，起草了"我国海水淡化标准体系框架"和"海水淡化标准发展计划"，并先后承担了15项标准的编制工作，其中已发布标准6项、在编标准6项，待发布国家标准3项，在我国海水淡化行业标准化方面起到了重要的引导和推动作用。

五、扩展应用，紧跟前沿

淡化室在环保、海岛供水等领域拓宽了淡化技术的应用，取得了良好的经济效益和社会效益。

该室为主体承担的鲁南化肥厂氯化铵废水治理工程，是我国化工行业该类无机废水零排放处理的首个项目。随着《中华人民共和国海岛保护法》的颁布，为配合海岛开发与资源保护，申请海洋公益专项"海岛适用的系列海水淡化技术装备及应用研究""海岛多元集成供水技术研究及应用示范"，中央级科研院所基本科研业务费专项"系列海岛海水淡装置研究"等多个研究项目，累计经费1851万元，并在5个海岛上建立了示范工程，为驻岛居民和官兵提供了优质淡水。研究成果为解决海岛水资源短缺提供了有效途径，推动了国家对海岛的开发建设。针对国内海上石油平台污水处理的需求，淡化室参与了2012年海洋公益专项"海上石油平台污水处理装备技术研究及应用示范"项目，攻克机械压缩蒸馏处理采油废水处理工艺及污垢控制、装备设计制造等关键技术，研制出具有自主知识产权的机械压缩蒸馏采油废水处理成套设备，突破国外环境壁垒，利于国家能源保障战略的实施。

六、敢打敢拼，不辱使命

在这个以党员为主体的集体，科研人员有着崇高的责任心和使命感，在课题研究及项目实施中总是冲在最前沿。

由于巴基斯坦政局一度动荡，淡化室从总承包方上海建工集团处承接的海水淡化装置与所有援建项目一样，迟迟没有交付。在形势紧张的情况下，该室多次指派人员赴瓜达尔港现场，进行设备调试。他们充分发挥技术优势，克服心理恐惧和现场困难，圆满完成了项目交付工作。凭着良好的职业精神和顽强的工作作风，得到巴方政府及总承包方的高度赞赏。继2009年向海南东瑁洲岛驻军赠送淡化装置取得良好效果后，为解决西沙群岛驻岛部队的缺水问题，国家海洋局拟继续向驻岛官兵赠送海水淡化装置，并由海监总队总体负责、淡化所继续承担装置设计制造任务。淡化室联系全所各有关部门，成立了由9名具有丰富实践经验人员组成的安装调试项目组，克服恶劣的环境，按时、高质量地完成装置的安装工作，稳定产水并供驻岛官兵使用，用行动展示了海洋人的风采。2012年11月15日，时任国家海洋局局长刘赐贵亲自为永兴岛海水淡化站揭牌。

多年来，淡化室的科学家们以刻苦钻研、立足本职、敬业爱岗、无私奉献为己任，推动了我国海水淡化事业的发展，确立了科研团队在我国海水淡化行业的领军地位，取得了良好的经济效益和社会效益，赢得了社会的广泛赞誉。今后，淡化室将进一步加强科研创新，提高专业技术水平，为促进海水淡化事业的发展做出新的贡献。

全国海洋系统先进工作者事迹

QUANGUO HAIYANG XITONG XIANJIN GONGZUOZHE SHIJI

王振祥同志事迹

王振祥，男，1956年4月出生，大学文化，中国共产党党员，1974年12月参加工作，现任天津市海洋局大港海洋管理处处长。自2003年调入基层海洋工作，到现在已经十几年了。多年来，他始终坚持政治理论学习，坚决贯彻执行党的方针、路线、政策，在工作中用实际行动贯彻落实"三个代表"重要思想和科学发展观。他热爱海洋事业，十几年如一日，在基层海洋工作战线上恪尽职守，开拓进取，积累了丰富的海洋管理工作经验，工作能力表现突出，被评为"2013年天津市海洋局系统优秀党务工作者"。

一、开拓进取，创新海域管理模式

原大港区海洋局成立于2002年。大港区海洋局成立之初，周边地区的海洋资源都在开发利用，唯独大港海域可谓一片"处女地"。为有效开发利用海洋资源，做好大港区"海"的文章，王振祥多次拜访我国港口专家王海平教授，征询意见，还多次邀请有关方面专家到大港区实地考察、反复论证。依托大港油田、天津石化及石化产业大企业坐落于大港地区的优势，2003年王振祥同志向当时的大港区政府呈报了建设大港临海石化综合基地的报告。2007年，大港区政府常务会议决定开发建设大港区滨海石化综合物流基地，即现在的南港工业区。起初，他在区政府领导决策中起到了积极重要的推动作用。

在天津市海洋局党组的正确领导下，王振祥工作中注重求务实，讲实效，加强沟通协调，善于采取通融的方法，创新工作管理机制，用创新的手段解决工作中遇到的问题。为进一步加强海岸线管理，提高海洋管理的严肃性和合法性，为海域管理和海洋执法监察提供直观可靠的现实依据，大港海洋管理处在全市率先开展和完成了海岸线标志碑埋设示范工作。从坐标点采集到埋设完成，他与同志们制定了详细的实施方案。经过多次深入现场考察，选定了耐侵蚀的石材制作标志碑，碑体上雕刻了标志碑编号和海洋主管部门监督电话以及"保护海洋，依法用海"的宣传文字。海岸线标志碑的埋设，不仅以简单直观的方式明确了海陆分界线的具体位置，同时也起到了很好的宣传作用，为海域管理和海洋执法提供了可靠的依据。

为提高海域使用管理的能力与水平，做到对海域使用动态化、精细化管理，实现可实时查询用海项目审批流程环节和海域使用现状，王振祥提出开发大港海域使用动态管理附加系统，并多次与国家海洋信息中心沟通协调，最终于2014年10月完成该系统的开发、安装与调试工作，并通过了专家组验收。该附加系统是在国家海域动态管理系统的基础上，结合大港海域管理工作实际情况而开发的。系统包括八大模块，其功能划分明确，内容丰富，操作简单，方便实用，实现了海域管理从粗放型管理向精细化管理的转变。专家组验收时评价，该系统的开发应用在海洋系统里还是不多的。

二、注重环保，促进海洋经济可持续发展

保护环境就是保护生产力，环境安全就是国家安全。工作中，王振祥坚持"发展和保护并重"的理念，及时介入大港辖区近岸海域发生的海洋污染事件。无论刮风下雨，他总是出现在工作第一线，积极维护广大渔民和养殖户的切身利益。尤其是2011年蓬莱19-3油田溢油事故发生后，他时刻关注大港辖区海域的污染动态，冒着酷暑，带领工作人员进行巡查巡视，做到对溢油污染早发现、早采集、早取证，切实保障大港海域的海洋环境安全。

2012年，天津市海洋局决定在塘沽、汉沽和大港建设海洋观测监测台站。其中，大港海洋管理处负责辖区内大港海洋环境监测站的建设。接到通知后，王振祥立即启动大港海洋环境监测站的建设工作，积极协调相关部门，开展项目建设前期各项手续的办理，项目进展走在全市前列。

三、加大宣传，努力提高公众海洋意识

王振祥非常重视海洋普法宣传工作，多年来，他组织的海洋宣传活动

不计其数，海洋工作逐渐被辖区公众所熟知。在他的带领下，大港海洋管理处不断丰富宣传内容，创新宣传方式，曾在堪称天津市"之最"的"百米长廊"——大港区科普长廊中张贴内容丰富的宣传展牌；以每年的世界地球日、世界环境保护日、海洋防灾减灾日、世界海洋日暨全国海洋宣传日等为契机，深入用海企业、大型广场、繁华商业区和学校等场所开展形式多样的宣传活动，宣传和普及各类海洋知识。通过这些活动，增强了公众对海洋知识的了解和对海洋事业的关注，营造了全社会了解海洋、关注海洋、保护海洋的良好氛围。

四、强化行政执法，带领海监支队实现"六连冠"

在王振祥的带领下，中国海监大港支队自2005年成立以来，始终坚持以科学发展观为统领，按照"严格、高效、务实、创新"的工作思路，以保护海洋为重点，以服务海洋经济发展为目标，不断强化自身建设，创新工作机制，切实履行海洋执法监察职能，辖区每年的结案率均达到100%。自2007年以来，中国海监大港支队连续6年被评为"北海区优秀（模范）支队"。

在工作上取得成绩的同时，王振祥同志的人格魅力也在影响和感染着身边的人。他顾全大局，知人善任，深入群众，关心职工，处处体现领导者的艺术和水平；他作风民主，公道正派，团结同志，平易近人，得到职工群众的一致称颂；他坚持原则，雷厉风行，勤政为民，务实清廉，诠释了党员领导干部的高风亮节；他胸怀坦荡，为人正直，乐观向上，热心助人，赢得了大家的爱戴和尊重。他的事迹，展示了一名共产党员克己奉公、爱岗敬业、团结奉献的良好形象。

曹东昌同志事迹

曹东昌，男，汉族，1957年8月出生，河北省乐亭县人，中共党员，1974年3月参加工作，大专学历，正高级工程师、副高级经济师。现任中国海监河北省总队副总队长兼河北省国土资源执法监察局海洋执法监察处处长。

曹东昌同志政治信仰坚定，坚持学习邓小平理论，践行"三个代表"和科学发展观。坚持对党的路线、方针、政策自信，深入贯彻落实党的十八大和十八届二中、三中、四中全会精神，将海洋经济发展与依法行政相结合，履职守则，爱岗敬业，奋发向上，求真务实，开创了河北省海洋执法的新局面。在任秦皇岛支队长期间，所辖支队被确定为中国海监首批执法示范支队，并连年被国家海监机构评为"优秀执法示范支队"；所带领的河北省海监总队一班人连年被河北省国土资源厅（海洋局）表彰为优秀领导班子。

曹东昌同志热爱海洋事业，具有强烈的责任感和工作能力，在14年的海洋执法工作中，恪尽职守，求实奉献，作风过硬，业务熟练；他还撰写执法业务有关文章，探讨研究有关问题，制定了《海洋执法巡查工作制度》《海洋执法层级报告制度》等一系列规范性文件，规范了河北省海监执法体系。曹东昌还经常深入一线执法工作，遇有重大复杂的案件亲自查办，面对各种违法相对人，他坚持原则，违法必究，不畏权势，不受诱惑，秉公执法。同时，将执法寓于服务，向违法相对人宣传法律法规，真心诚意地为其排解难题。其执法水平和"公平、公正、公开"的执法原则，最终使相对人信服。几年来，共参加查处海洋违法案件77起，收缴罚款7716万元。曹东昌结合日常执法巡查工作，每年组织实施"海盾""碧海""护岛"专项执法行动和秦皇岛海域专项执法行动，有力打击了海洋违法行为，提高了海监执法的力度。他从大局出发，与国家海监机构建立了良好的协调联动机制，构筑了与海警、海事、渔政等单位海上联勤联防的执法机制。并注重海监队伍长远发展，全面加强了河北省海监执法能力建设，筹措了资金2.86亿元，为全省9个海监机构配置了11艘高速快艇、2艘维权执法海监船和先进的执法取证设备，已经投入使用；筹措了资金2.45亿元，为全省5个海监机构加强执法基地建设。仅河北省海监总队的执法能力固定资产就净增值了2.62亿元。总队的执法基地逐步交工验收，其功能和规模在全国海监系统中堪称一流，不仅结束了河北省无海洋执法基地的历史，也为今后河北省海洋事业的综合管理提供了充足的发展空间。

在执行特殊任务和处理特殊事件中，曹东昌同志勇于担当，在秦皇岛暑期值班，全天候值守。当秦皇岛新港码头油船发生爆炸时，他第一时间赶到现场组织布控；在蓬莱19-3油田溢油监视期间，他组织执法力量在辖区进行全方位巡查，及时核查溢油区并向北海总队报告情况；在执行维权巡航执法任务中，他派出了4批次人员参加，自己也亲身参加了一次维权巡航执法任务；在执法能力建设项目实施过程中，他亲自筹划方案，亲临工地指导，当遇有施工阻力和难题时，主动协调关系解决问题。曹东昌率先垂范、兢兢业业的工作精神，受到了同志们的称赞。

曹东昌同志严于律己，清正廉洁，始终保持自重、自警、自省、自励；在工作中密切联系群众，宽厚待人，热情为用海人和执法相对人服务，积极为职工解决工作和生活中的实际困难。他组织观念强，顾全大局，不计个人名利得失。2013年，河北省厅进行机构改革，将海监总队与执法监察局合并为一个法人机构，两块牌子。他虽然不再担任法人代表，但在新的职务和岗位上仍一如既往履行职责，积极谋划、协调增加海监人员编制。他的工作精神、操行品德得到了组织的肯定和同志们的认可。每年年度考核均为优秀，多次受到表彰：2006年被河北省国土资源厅（海洋局）表彰为优秀党员；2009—2012年连年被河北省国土资源厅（海洋局）表彰为优秀领导干部，2013年被评为"河北省国土资源（海洋）系统先进个人"，并荣立三等功一次。

牛向军同志事迹

牛向军，现年50岁，中共党员，2008年2月至今任中国海监丹东市支队（丹东市海域使用动态监视监测中心、丹东市海洋环境监测预报中心站）党支部书记、支队长。

作为基层一线海洋工作者，牛向军同志热爱海洋管理事业，积极贯彻落实党的十八大确定的海洋强国战略，带领全处同志殚精竭虑地保护海洋环境，维护国家海洋权益和海域管理秩序，以骄人的业绩，得到了社会各界和上级部门好评。曾多次荣获"辽宁省海监十佳人物"、两次入选"中国海洋风云人物""农业部及黄渤海区渔政渔港管理先进个人""全国渔业互保工作先进个人""丹东市优秀共产党员"等称号。丹东市海监支队被评为"中国海监模范支队"。丹东市海域使用动态监管中心先后被评为"国家海域使用动态监管系统建设先进单位"和"国家海域使用动态监管系统业务工作优秀单位"，在全国51个地级监管中心业务工作考核中取得第一名，在辽宁省政府海洋环境绩效考核中连续4年名列全省第一、荣获"全国渔业互保工作先进集体""辽宁省和国家渔业执法年活动先进集体"等荣誉称号。

严巡查，重监管，甘当海洋维权卫士。作为地处中朝边境的海监部门负责人，牛向军同志清醒地认识到日益严峻的边境海洋管理形势，以强烈的事业心，积极克服维权装备差等困难，广泛建立海洋维权信息网络，采取自主巡航巡视和与海警多部门联检等方式，组织实施丹东边境海洋维权行动，累计实施海上维权检查173次，航程15 730海里，驱逐非法侵入我方海域外籍船只112艘次，成为依法维护国家海洋主权和海洋权益的坚定守护者，得到上级

海洋主管部门的认可。

严执法，重督查，海域管理规范有序。按照上级主管部门的部署要求，积极开展海域使用管理执法监察行动。2008年以来，累计组织开展专项执法检查210次，行程5.2万千米，查处海域使用违法案件25起，收缴罚款1.8亿多元。依法督缴海域使用金，由2008年前每年200多万元提高到1400多万元。积极开展丹东市海域使用动态监视监测管理系统建设，发挥系统功能作用，曾荣获"国家海域动态监视监测管理系统建设先进单位""国家海域动态监管系统业务化运行工作优秀单位"。积极组织技术人员，累计行程万余千米，航程5千余海里，全面完成丹东市地面监视监测任务，共核查用海项目340余宗，为海洋规划和用海审批服务，保证了丹东市海洋功能区划的顺利实施，助推了丹东海洋经济发展，得到了丹东市政府和用海企业的好评。

夯基础，抓整治，海洋环保成效显著。牛向军同志亲自制定丹东市海域环境保护专项行动方案和海洋环境监测工作方案，深入一线依法查处海洋环境污染以及损害海洋生态环境的行为。累计开展海洋环境专项执法行动287次，航程25 080海里，查处海洋环境违法案件8起，收缴罚款4万元。认真落实海洋环境监测任务，建立丹东市海洋环境监测基础数据库，开展海洋环境质量评价，为海洋环境保护和经济社会发展提供技术服务。2008年以来，在丹东市近岸海域确定60个监测站位，取得水文、水质、沉积物、海洋生物等监测调查数据1万多个，编制评价报告200余份，掌握了丹东市海洋环境现状、变化趋势和潜在风险等。入海排污监测与海洋环境保护设施工程项目验收工作连续4年在辽宁省政府海洋环境绩效考核中得满分，名列全省第一。

抓安全，重防范，海洋防灾减灾惠民生。牛向军同志针对丹东沿海实际，组织实施丹东市海洋防灾减灾技术支撑工作，编制海冰、赤潮、风暴潮、台风等海洋灾害预警预报信息，开展海平面变化影响、海洋环境风险源调查，及时形成报告上报海洋行政部门，发布预警预报信息430余期，为防灾减灾提供了技术数据。他积极为政府抓好海洋安全管理当好参谋。2014年7月，协助丹东市政府成功组织一次海上渔船破损漏油、失火为内容的海上防灾减灾应急模拟演练。在应对"梅花""布达万"等台风工作中，他总是亲自带队深入港口码头，排查安全隐患，使海洋渔业安全事故明显下降，确保了渔民群众生命财产安全。

全国海洋系统 先进集体、先进工作者 典型事迹汇编（2014年度）

强管理，提素质，海监队伍坚强有力。按照中国海监总队政治建队、军事建队、文化建队和科技建队要求，牛向军重视抓海监队伍的思想、组织、作风、业务和廉政建设，以正规化、规范化管理为手段，实行准军事化管理，开展"大培训、大演练、大比武"活动，分批开展人员培训，锻造了一支政治坚定、业务精湛、作风优良、秉公执法、廉洁务实，适应海洋强国建设需要的海洋执法队伍。2012年11月，丹东市支队在代表中国海监辽宁省总队参加全国海监系统体能礼仪训练大比武中，得到了评审组的好评，认为丹东市体能礼仪综合训练工作走在了辽宁省乃至全国海监队伍的前列，是全国学习的榜样，并予以通报表扬。

牛向军同志高度重视依法行政，所办案件连续多年被上级部门评为优秀案卷，从未发生过行政诉讼案件。在做好本职工作的同时，他积极组织参加清理海洋垃圾，宣传海洋法律、弘扬海洋文化、扶贫帮困、服务社区、服务企业等公益活动达100多次，将党的温暖和海洋法规知识送到基层群众中，以实际行动践行为民务实清廉要求。

汤永辉同志事迹

汤永辉同志是从基层成长起来的专业型干部，有着丰富的基层工作经验和过硬的海洋专业素质。他怀着对海洋事业的热情，一手规划了金山海洋事业发展的蓝图，组织参与实施了区域内各项重大用海项目，亲自践行海洋环境保护理念和治理工程，使当地的海洋工作受到了一致认可和好评。多年来，他凭着海洋人特有的激情、憧憬、韧劲和拼劲，始终坚持学习不断线、创新不减劲、工作不放松、自律不动摇，在海洋建设与管理的生动实践中，勤于思考、善于研究、勇于创新、敢于担当，用实际行动诠释着海洋人不怕牺牲、无私奉献、默默无闻、甘为人梯的无悔追求，为金山海洋事业发展做出了突出贡献。

汤永辉同志是金山海洋事业发展的规划者。金山新城是上海唯一的滨海城市，海岸线规划的成败直接影响整个城市的品位和地位。2009年，金山区海洋办公室并入金山区水务局合署办公。由于刚接手海洋工作，就面临金山区委、区政府打造城市沙滩的重任，他主动提出编制金山海洋发展"十二五"规划，把海洋经济发展与城市发展相融合。在他的倡导下，金山海岸线的规划起点高、亮点多，通过几年建设，已经成为金山新城的对外形象窗口。2013年，金山城市沙滩接待游客257.86万人次，接待游客量已占到前往金山游玩旅客量的一半。而在城市沙滩这张"名片"取得如此成功的背后，凝聚着海洋规划者无数个日日夜夜，以及他们遭遇挫折后又重新整装待发的那种自勉与希冀并存的心情。几年来，在汤永辉同志及他所带领的团队奋斗下，编制完成《金山区海洋发展"十二五"规划》并通过了审核；积极研究和探索三岛发展的新思路，配合上海市海洋局完成了《上海市金山三岛海洋生态自然保护区保护与开发利用规划》。

汤永辉同志是区重大用海项目的实施者。他坚持以共产党员标准严格

全国海洋系统 先进集体、先进工作者 典型事迹汇编（2014年度）

要求自己，敢于担当、勇于奉献，夙夜奉公，组织参与实施了全区各项重大用海项目。作为金山区"十二五"重大工程，也是金山整个海岸线开发建设的重中之重，他从有关规划的修编开始便全程参与了龙泉港以西圈围工程的实施。在他的努力下，完成了该项目由港口岸线调整为城市生活岸线的岸线规划，完成了项目区域用海规划编制及其审批上报工作，并多次邀请有关部门来现场办公，协调用海审批相关事宜，全过程参与了该项目的立项、用海预审、环评审核等工作，为保障项目的顺利推进起到了至关重要的作用。组织实施城市沙滩以西水上活动中心用海工程，建成后将为金山乃至上海提供一个休闲娱乐的绝佳场所。同时，汤永辉还参与了区域内龙泉港东侧圈围工程、城市沙滩游艇项目和水上飞机等其他用海项目的前期工作，充分发挥个人技术优势，指导和帮助用海项目的顺利推进。

汤永辉同志是海洋环境保护的践行者。为了进一步扩大海洋事务影响，提高全民海洋环保意识，他积极参与海洋宣传活动，开展了海岛保护专项宣传、清洁海滩志愿者活动、海洋知识进学校以及广场展位宣传等活动。特别是组织承办了2014年上海市纪念"世界海洋日"暨"全国海洋宣传日"主会场活动，取得了很好的社会反响。多年来，他一直坚持海洋环保理念，身体力行，率先垂范，为改善金山海洋环境默默奉献。为了减少陆源污染物排放对近岸海洋环境的破坏，他竭力推进全区截污纳管工程和污水处理厂扩建达标排放工程，最大程度减少近岸排放对海洋环境的影响；大力推进海水和雨水等非传统水资源利用，上海石化厂、漕泾热电厂等采用海水冷却，年均利用量达到15亿立方米。结合上海市"环保三年行动"计划，他组织实施了金山城市沙滩水环境治理工程，有效改善了金山城市沙滩水环境质量，为市民有一个安全可靠的旅游度假场所提供了保障。

　　汤永辉同志是金山三岛的守望者。金山三岛是上海市第一个也是唯一一个海洋生态自然保护区。为了保护好这片珍贵的海洋自然资源，他殚心竭虑，亲力亲为。为了控制擅自上岛事件的发生，他就如何做好保护区管理和大金山岛守岛工作进行了专题研究，多次与上海市海洋业务受理中心就大金山岛进行科学考察的行政许可事项进行深入交流和探讨，制定《金山三岛上岛备案登记表》，对上岛进行科学考察的单位进行备案登记。组织实施了大金山岛海洋环境保护专项工程，开展了大金山岛基础设施养护、视频监视监控系统设立和环境整治任务。对保护区现有管理用房、道路进行翻修和建设太阳能发电、蓄电系统，进一步改善保护区管理条件和环境。在大金山岛码头及上山入口处进行摄像监控，将"技防"与"人防"相结合，强化对保护区的监管。每年对"一支黄花"和东洋花草等外来物种进行清除，确保岛上生态安全。成功申报了《上海市大金山岛无居民海岛保护与开发利用示范》项目，为保护区今后的保护与开发利用奠定了坚实基础。

周德山同志事迹

周德山，1966年出生，1987年参加工作，中共党员，研究员，2009年任连云港市海洋环境监测中心主任。周德山同志坚持奋战在海洋环境监测工作的第一线，带领中心全体干部职工克服了种种困难，高标准定位，高强度工作，高质量创新，为连云港市的海洋环境保护和海洋经济发展做出了积极贡献。在他的带领下，连云港市海洋环境监测中心连续四年被连云港市海洋与渔业局评为目标考核一等奖，被连云港市总工会授予"工人先锋号"，并先后获得了2005年度"东海区赤潮监控区监测优秀单位"、2008年度"抗击浒苔支援奥运先进集体"、第二届"金海杯"江苏省海洋环境监测专业技术竞技比赛团体二等奖和组织奖。其个人先后获得了江苏省海洋与渔业系统先进个人、连云港市海洋与渔业局"抗击浒苔、支援奥运"工作先进个人、优秀共产党员，被授予连云港市"五一"劳动奖章等荣誉，享受连云港市政府特殊津贴。

一、忠于职业操守，全身心投入海洋事业

周德山同志努力克服监测任务重、监测人员少的困难，处处以工作为重，以大局为重。无论寒冬还是酷暑，他都身先士卒，率先垂范，带领监测人员深入第一线，亲自参与现场样品采集及现场监测，率先开展了连云港近岸海域环境现状与趋势、海洋垃圾和海水入侵等多项监测工作，把全部的精力都投入到紧张的工作之中。多年来，加班加点已经成为他的一种工作常态。

2006年10月2日爆发了海州湾有记录以来最严重的一次赤潮，最大面积1000平方千米，持续5天。在危急情况下，他放弃了国庆、中秋佳节和家人团圆的机会，带领大家按照赤潮应急预案进行跟踪监测，及时向上级部门报告赤潮发展情况，通过新闻媒体提醒涉海单位特别是从事海水养殖的渔民做好

超前防范，最大程度减少经济损失。2008年北京奥运会期间，连云港前三岛附近海域发生大面积浒苔。周德山同志带领监测人员连续84天对该海域浒苔进行严密监测，圆满完成了浒苔应急监测任务，为青岛奥帆赛的顺利举行做出了积极贡献。

二、提升工作定位，开创海洋工作新局面

在江苏沿海大开发的大背景下，作为单位带头人，周德山同志打破常规，大胆提出了申请海域使用论证资质，为沿海大开发服务的思路，并组织监测人员认真学习，全力攻关，于2009年取得海域使用论证上岗证书，2011年获得国家海洋局颁发的全国海域使用论证乙级资质，填补了连云港市没有海域使用论证资质单位的空白，以实际行动策应了沿海大开发的国家战略。他还围绕国家、江苏省对沿海地级市海洋观测预报体系建设和预警报的要求，率先启动连云港市海洋观测预报工作，直接服务于海洋工程、港口建设和海洋防灾减灾等工作，开创了海洋观测预报工作的新局面。

三、服务地方发展，创造突出社会效益

周德山同志时刻关注海洋生态环境质量状况。他注重发挥自身技术与设备优势，组织开展了赣榆港区5万吨级航道及防波堤工程、起步区后方港口配套区工程、起步区码头堆场区工程等项目的环境跟踪监测，及时了解海洋工程建设对海洋环境的影响，提出海洋环境保护措施与建议，为保护海洋环境做出了贡献。

他还组织监测人员连续8年编制完成《连云港市海洋环境质量公报》《连云港市入海排污口监测专报》，对提高全市公众海洋环境保护意识起到了重要作用，形成了强大的舆论监督氛围，同时也为各级政府制定海洋环境政策和环境整治措施、确定海洋环境管理目标等提供了依据。

四、强化内部管理，展示良好社会形象

周德山同志多渠道加强单位的软、硬实力建设。他积极向上汇报，想方设法争取项目经费。在他的不懈努力下，实验室固定资产总值由当初的60余万元增加到现在的1000多万元；同时加强检测能力建设，实验室的检测能力由当初的三大类（水质、沉积物、水产品）66项扩展到现在的五大类（水质、沉积物、水产品、生物生态和水文气象）143项。短短的几年间，中心基础设施建设和检测能力水平已达到省内及沿海地级市的一流水平，单位对外形象持续提升。

作为一名基层监测中心主任，周德山同志忠于职守的奉献精神，为海洋生态环保事业废寝忘食的敬业精神，高标准设计工作目标的创新精神，感染和带动了连云港市海洋环境监测中心这支年轻的队伍。在大家的共同努力下，连云港市海洋生态环境技术支撑体系在较短时间内一一通过了国家、省级计量认证和验收。在他的带领下，监测中心正焕发出无限的生机，一步步走向成熟。

在工作中，周德山同志始终服从和服务于全局工作需要，发挥好"耳目"和"标尺"作用，坚持监测先行，用准确的数据和详尽的技术分析，有力保障了上级主管部门的有效监管、依法行政和科学决策。在这些平凡具体的工作中，他诠释了为国家服务、为社会服务、为民生服务的执著追求和终极目标。他用责任、激情和探索，折射出强烈的时代精神，成为海洋行业中的一面旗帜，激励着越来越多的海洋人为国家社会奉献，为理想事业奋斗，为工作目标努力！

王振东同志事迹

响水县是个多水的县份,一条灌河流淌着绚丽多彩的传说,一片黄海涌起波澜壮阔的神韵。在灌河与黄海交汇的地方是二郎神的故乡,中国海监响水县大队大队长王振东长年就战斗在这片热土上。由此向南,43.14千米长的海岸线上留下了他一串串闪光的足迹,一个个不朽的业绩。

王振东,1958年出生,1976年参加工作,1985年加入中国共产党,2004年任中国海监响水县大队大队长。从事海洋工作几十年来,他工作勤勤恳恳、兢兢业业、任劳任怨、求真务实,公正执法、公平执法、廉洁执法,尽力用自己的行为维护法律尊严,从不计较个人得失,受到广大涉海企业及渔民的一致好评。

一、以海纳百川的胸怀服务地方经济发展

沿海开发上升为国家战略后,响水沿海成了国家沿海开发的最前沿。面对千载难逢的机遇,王振东心潮澎湃,像大海一样久久不能平静,以海纳百川的胸怀服务企业、服务发展是他义不容辞的责任和使命。

常年海上、岸边奔波的王振东患有糖尿病等多种疾病,但面对工作,他始终坚持在第一线,主动对接上级主管部门,为企业办实事、办好事。2008年,响水县沿海经济开发区33个企业申报用海,王振东连续加班数日,行程3万余千米,为有关企业办理了《海域使用权证书》;2010年1月,他为响水沿海经济开发区整合了12平方千米海域资源,为其融资和利用《海域使用权证书》办理抵押贷款提供基础条件,此项工作走在全省前列;在服务响水长江风力发电有限公司海上风电项目时,王振东不辞辛苦多次奔波,帮助办理海域使用相关手续,使项目落户投产进展顺利,得到了企业和地方政府的一致

好评；灌河口5万吨级航道建设是响水县重点工程，他主动上门帮助落实了海域使用、海域使用环评、抛泥区选划论证报告书编制单位，并提供大量翔实资料，为该项目有效推进做出了积极贡献。

二、用一双火眼金睛护卫着蓝色的海洋

王振东同志从事海监执法工作以来，针对响水县海域实际情况，走滩涂、进棚舍，深入调查研究，提出以宣传教育为主，执法管理并举的新路子，并用一双火眼金睛洞察真伪、辨明是非。通过近些年的努力，彻底改变了响水县海域管理混乱的状况，创建海域管理与海监执法相协调的管理办法，大大降低了违法用海现象发生；创建了海监执法案件办理过程中，县人民法院、县人民政府法制局、违法用海单位主管部门政策法规科领导先予介入，邀请他们参加案件评审会等模式。10年来，办理海监执法案件28宗，无一引起行政复议及诉讼。王振东同志还积极调处用海矛盾，于2005年8月成功阻止了县内因海域使用问题而险些酿成的近百位渔民群体械斗事件。当时双方棍棒对垒，情况紧急，他冒着危险和几个工作人员站立中央，一边阻止械斗，一边说服疏导，宣传有关法律、法规，免除了一场流血事件。从事海监工作10年来，王振东累计调处各类用海矛盾近百起，没一起产生不良后果，深受广大渔民群众好评。2012年，针对企业进入响水县沿海经济开发区，用海企业多的情况，王振东主动和该县沿海经济开发区对接，召集该县沿海经济开发区工作人员及企业负责人，组织开展涉海法律法规培训。通过培训，使得管理人员成为知法、懂法的明白人，使用海企业成为合法用海的行为人，大大降低了违规用海事件的发生。

在海监执法过程中，王振东始终把安全生产放在首位。2012年八号台风在响水过境，他两天两夜始终坚持在一线海堤疏散渔民。12级台风登陆时，王振东不顾个人安危，坚守岗位，保证了渔民生命财产的安全。

2001年伪虎鲸进入灌河，王振东凭着敏锐的新闻意识，在第一时间迅速向当地政府和新闻部门提供新闻线索，积极提供船只，参与新闻信息的搜集、采写和摄像、摄影工作。该报道很快在中央电视台《新闻联播》栏目播出，《喜看鲸群过灌河》成为响水县对外宣传的一张名片。

三、用一片赤诚维护着渔民的利益

2005年6月，响水县滩涂出现贝类大面积死亡，鱼虾严重减产，引起渔民上访。王振东凭借着多年的经验分析，认为可能是污染所致，立即组织海监人员进行调查取证，走访群众，寻查污染源。经深入调查，冲破层层阻力，最终确定导致响水县滩涂贝类死亡和鱼虾减产的主要原因是新沂河排污和中山河上游附近的化工厂排污所致，属陆源污染。他连夜撰写了《响水县滩涂贝类死亡情况调查报告》，直接呈报响水县委，为领导处理事件提供了第一手资料。县领导及时通知有关部门召开了专题会议，通报灾情，使污染得到制止。陆源污染虽不属王振东负责的海监查处范畴，但他却尽到了一名海洋监察员和一名共产党员的责任。

清正廉洁，永葆公仆本色是王振东始终坚持的宗旨，在工作中要求别人做到的事他自己先做到，违反原则的事坚决不去做。多年来，他从不接受企业和渔民吃请，从不用一分违纪的钱，从不办人情案、关系案，时刻把住权力关、金钱关、人情关，严格践行"三严三实"的要求，牢记全心全意为人民服的宗旨。

面向大海，心胸开阔。王振东用心诠释着对党的忠诚和海监事业的执著，多次受到响水县委、县政府的表彰。2007年度被盐城市委授予"爱岗敬业好党员"称号，2006年和2010年两次被盐城市人民政府授予二等功。

张月霞同志事迹

张月霞，1982年出生，浙江省海洋监测预报中心海洋预报员、工程师、博士研究生在读，从事海洋环境观测、预警报工作6年。在平凡的工作岗位上，她始终默默无闻地奉献着，以务实敬业的工作作风，乐于奉献的思想品质，留下了一串串闪光的足迹。参加工作以来，她先后被浙江省省直机关妇委会授予"2007—2009年度巾帼建功标兵"，被中共浙江省直属机关工作委员会授予"省直机关创先争优闪光言行之星"，被浙江省海洋与渔业局授予"2010—2011年度优秀党员"。

一、热爱海洋预报事业，勤奋工作，任劳任怨

自2008年硕士毕业后，张月霞一直在浙江省海洋预报台业务第一线从事海洋预报及相关服务工作，对浙江的关键性、灾害性的天气过程有很强的把握能力，具有丰富的预报经验。

浙江是海洋大省，由于其特殊的地理位置和气候条件，也是全国海洋灾害较严重的省份之一，台风引发的风暴潮、海浪灾害平均每年都要从浙江掠走十几亿元"财产"。作为一名海洋预报员，张月霞坚持从点点滴滴的小事做起，兢兢业业地做好海洋观测预报，积极地参与到每次台风的灾害预警工作中去，希望及时、准确的预警报能够尽可能地减少人员伤亡和灾害损失。

对于海洋预报岗位而言，单纯的日常预报就需要365天不缺岗，无论寒暑，无论风雨，无论节假。而张月霞总是能主动承担双休日、节假日的值班工作，帮助其他预报员多分担工作日以外的值班任务。"五一""十一"这样的日子，她也总是抢着值班。有两年的春节，她包下了春节长假的值班工作，24小时不离岗，也就是一个人连续工作168个小时。

二、探索防灾减灾技术，服务海洋预报事业

作为一个海洋科技工作者，张月霞从不间断对新知识、新技术的学习，积极参加全国海洋部门组织的各种新技术培训，于2011年考取了中国海洋大学的博士研究生。她学以致用，积极投身于各种项目的研究和技术攻关工作，做出了突出的贡献。

从2008年起，张月霞先后参加了"908"专项、"浙江省海岛气候调查""浙江主要海洋灾害的风险评估及预防对策""数字海洋"和公益性项目"浙江省沿海重点区域海洋灾害风险评估与应急响应技术"的相关研究工作。针对研究过程中的问题，她积极建立数据库，编写实用性程序，提高工作效率。

近年来，国家海洋局将海洋灾害风险管理作为新时期海洋防灾减灾的战略任务加以推进。张月霞敏锐地意识到这一点，积极参与《浙江省风暴潮灾害风险评估技术导则》和《浙江省海啸灾害风险评估技术导则》的编写工作，以及地方导则的申报工作。

同时，她积极开展技术攻关，先后参与国家海洋局海洋灾害预报技术研究重点实验室项目"市尺度台风风暴潮灾害危险性评估方法研究——以浙江

温州为例"（作为项目负责人）、浙江省防灾减灾专项"浙江省海洋灾害风险调查和隐患排查"（作为技术骨干）、"玉环县风暴潮灾害风险评估与区划"（作为技术骨干）、"台州市（椒江区、路桥区）风暴潮灾害风险评估与区划"（作为技术负责人）、"温岭市风暴潮灾害风险评估与区划"（作为技术负责人）等一系列项目的研究工作，为全省风暴潮数值模式业务化运行和风险评估研究奠定了坚实的基础。

三、出征南极，圆满完成随船气象保障服务工作

由于出色的工作表现和精湛的业务能力，张月霞被国家海洋局第26次南极科学考察队选中，承担起更大的使命。她和另一位预报员一起，两个人轮流值守，从2009年10月至2010年4月，四进南极大陆，六次穿越西风带，为"雪龙"号和全体船员保驾护航。此次南极考察是历时最长、任务最为繁重的一次，在这次任务中，她遇到了参加工作以来最危险的环境，接受了心理和生理的双重挑战。一方面，极地气候复杂多变，接连不断的强气旋影响了航行海域，对安全航行造成了很大的困难；另一方面，航程时间紧迫，几乎没有可以回旋的余地，只能迎难而上，在困难中选择相对安全而有利的时机前行。面对这样的情况，预报员需要克服晕船带来的身体不适，又要对后续航程提供准确的预报信息。而这个岗位只有两个人，也就意味着无论身体状况如何，必须在岗位上待命12小时。遇上天气情况难以把握的时候，两个预报员要一起上岗，这就意味着需要24个小时甚至更多的时间坚守岗位，而这样的情况在反复穿越西风带的日子里显得很频繁。这时，精神信念的力量需要战胜体力体能的极限。凭着预报员的责任感，张月霞圆满完成182天的随船气象保障任务。

在平凡而重要的岗位上，张月霞时刻不忘自己是一名共产党员，坚持以一名共产党员的言行规范要求自己。她的一言一行都是那么朴实无华，但正是在平凡之中，她以共产党员的无私奉献精神，为海洋预报事业奉献着火热的青春。

洪国联同志事迹

洪国联同志长期在海洋与渔业系统工作，热爱海洋事业，精通海洋环保业务，具有强烈的事业心、责任心和创新精神，取得了显著的工作业绩，多次获得泉州市委、市政府和上级主管部门的表彰。

一、加强学习，政治立场坚定

洪国联同志自觉加强政治理论学习，认真学习《党章》、党的十八大和十八届二中、三中、四中全会精神，深入学习贯彻习近平总书记系列重要讲话精神，坚决贯彻执行党的路线、方针、政策，坚持用中国特色社会主义理论、"三个代表"重要思想和科学发展观武装头脑，坚定共产主义理想信念，在思想上、行动上与党中央保持高度一致。

二、锐意进取，取得显著业绩

洪国联同志锐意进取，开拓创新，狠抓落实，较好地完成了各项工作任务，取得了显著的工作业绩，推动了泉州市海洋环保等多项工作走在福建省

乃至全国前列。2007年2月，洪国联负责领导的单位——泉州市海洋与渔业环境监测站被国家海洋局授予"全国地市级海洋环境监测示范站"称号；2012年2月，所在单位被国家海洋局东海分局授予"2011年东海区海洋环境保护先进单位"称号；在福建省政府组织的设区市海洋环保责任目标考核中，泉州市政府2012年度、2013年度成绩在全省沿海设区市（含平潭综合实验区）中分别位居第二名和第一名；泉州市建立沿海县级政府海洋环保责任目标考核制度和渔业资源增殖放流制度两项工作先后被福建省海洋与渔业厅作为典型经验印发全省各地市学习推广；由他具体负责的青山湾、西沙湾沙滩修复工程成效显著，获市委领导的批示肯定。2014年4月，《中国海洋报》以"泉州：再现昔日碧海银滩"为题大篇幅报道了泉州市近几年的海洋环保工作成效和洪国联在其中付出的努力。主要工作有：一是组织编制完成《泉州市海洋环境保护规划（2011—2020）》并经泉州市政府批准实施，这是福建省首份由政府颁布实施的设区市海洋环境保护规划。二是推动市政府在全国率先建立沿海县级政府海洋环保责任目标考核制度。2012年4月，泉州市政府在全国沿海设区市中率先建立了沿海县级政府海洋环保责任目标考核制度，每年向沿海县级政府下达海洋环保责任目标并开展考核工作。三是推动建立海陆一体化海洋环境保护工作机制。在洪国联的推动下，2012年，泉州市市、县两级海洋、环保部门全部签订了《关于建立完善海陆一体化海洋环境保护工作机制协议书》，所在单位分别与厦门市、莆田市海洋与渔业局签订了《关于建立海洋环境保护联动工作机制协议书》，建立了跨区域、跨部门的海洋环保联动工作机制。四是积极推进海洋环境整治修复。近几年来，洪国联所在科室先后具体负责并顺利完成了泉州湾海岸带资源环境与滨海湿地整治修复等3个国家海洋局和福建省海洋与渔业厅下达的海洋环保重点项目，以及崇武至秀涂海岸带资源环境保护综合整治工作。通过项目实施，泉州市海洋环境整治修复取得了显著成效，发挥着巨大的社会效益和生态效益。如：泉州湾洛阳江河口海域现有人工种植红树林5平方千米，为我国东南沿海人工种植红树林面积最大的区域；崇武至秀涂海岸带资源环境保护投入资金2.47亿元，使一条环境整洁、风景优美的海岸带重现在人们眼前；青山湾、西沙湾沙滩修复工程顺利完工，有效恢复了原有优美的海滨沙滩景观。五是推动海洋生态文明建设取得明显成效。在洪国联的积极指导和推动下，2013年2月，晋江市获批为全国首批国家级海洋生态文明示范区之一（福建省共3个），晋江深沪湾海底古森林遗迹保护区管理处荣膺环境保护部、国家海洋局等七部委授予的"全国自然保护区工作先进集体"称号（福建省仅1个保护区获此殊荣）；崇武国家级海洋公园获国家海洋局批准设立。

三、坚持宗旨，主动服务

洪国联能坚持全心全意为人民服务的宗旨，坚持"马上就办"思想，主动服务企业和群众，工作表现深得基层群众肯定。在行政审批工作中，能急企业之所急，想群众之所想，认真指导业主完善申报材料；对于符合条件的，不耽搁，不拖延，尽快给予核准。在处置赤潮海洋灾害过程中，他第一时间赴现场，及时组织开展赤潮海域环境监测，及时向上级报告和向群众通报灾害信息，耐心细致做好群众工作，科学开展应急处置，尽最大限度减轻灾害造成的经济损失。由于应急及时、措施有力、群众工作细致，灾害发生期间渔区社会安定稳定，没有发生群众性群体上访事件。

四、坚持操守，作风优良

洪国联热爱海洋事业，参加工作以来一直在海洋与渔业系统工作，在多个不同工作岗位做出了自己应有的贡献。他能积极弘扬社会主义核心价值观，谦虚为怀，诚实守信，克己奉公，顾全大局，团结同志。在具体工作中，能发挥模范带头作用，主动工作，任劳任怨，勇于担当，积极承担急、难、重工作任务。在日常工作和生活中，洪国联自觉遵守《廉政准则》、"八项规定"等党纪条规，视权力为责任，平时做到自省、自警、自励，谨小慎微，防微杜渐，在干部职工和基层群众中有较高的威信。

马兆虎同志事迹

马兆虎，男，汉族，中共党员，1962年12月出生，威海文登人，1986年参加工作，大学学历，现任烟台市海洋环境监测预报中心主任、高级工程师。他刚参加工作时，开始从事海洋与渔业管理工作。1998年，在地方海洋环境保护工作起步之初，马兆虎又走上了海洋环境保护的工作岗位。他始终坚持以邓小平理论、"三个代表"重要思想、科学发展观为指导，认真贯彻落实党的十八大和十八届二中、三中、四中全会精神，扎实开展党的群众路线教育实践活动和社会主义核心价值观学习教育。工作中恪守职责、锐意开拓、勇于担当。经过多年的努力，马兆虎团结和带领同事们建立了烟台市海洋环境保护监测体系和烟台市海域动态监管体系，使烟台的海洋环境保护和监管技术力量从无到有，从小到大，走在了全国的前列。多年来，他和同事们圆满完成了国家、省和市下达的各项监测任务，成功科学地处置了各类海洋突发性污染应急事件的监测工作，为海洋环境保护和蓝色经济区的发展做出了应有贡献，尽到了一个海洋环境保护基层工作者的职责，得到了党组织和同事们的充分肯定。由于工作突出，他连续5年在机关考核中被烟台市政府记三等功；在烟台市直机关年度工作考核中连续多年被评为优秀。

一、开拓进取，创建烟台市海洋环境监测体系和海域动态监视监管体系

20世纪90年代末，地方的海洋机构刚建立，海洋环境保护工作也刚起

步。马兆虎深知要保护好海洋环境，监测工作要先行。经过努力，2001年烟台在全国率先成立了市级海洋与渔业环境监测机构；先后争取1700多万元，建设了1200平方米的市级先进实验室，配备了气质联用仪、原子吸收分光光度计等200多件（套）先进仪器设备。2008年，单位加挂了"烟台市海域使用动态建管中心"的牌子，投资1200万元，建立了海域动态监管指挥平台和数字信息处理平台，并与国家、省和县市区联网对接。目前，烟台市级监测、监管人员达到20人；本科以上学历达到19人，其中研究生学历7人；高级工程师3人，工程师6人，建立了一支具有海洋环境科学、海洋化学、海洋生物生态、地理信息系统等专业的海洋环境监测技术队伍。在抓好市级监测能力建设的同时，积极发展壮大县级监测力量。目前，烟台市13个沿海县市有10个成立了海洋监测机构，其中7个重点县市区的实验室通过了资质认定。全市的监测设备、技术力量和业务水平走在了全国地市级前列，构筑起了市、县两级监测网络。同时，发挥技术和设备的优势，积极与驻烟台的两所高校及一家科研院所开展技术交流合作，实现技术、设备、人才共享，把实验室建成大学生实习基地，帮助提高大批在校大学生的实践水平。烟台市海洋环境监测工作得到国家海洋局和山东省海洋与渔业厅的充分肯定，在近两年的全省技术考核中名列第一。2012年，马兆虎同志所在单位被山东省人事厅评为先进单位，先后荣获市级、省级"青年文明号"称号；自2010年以来，连续5年荣获市级"文明单位"称号。

二、甘于奉献，认真做好海洋环境监测评价工作

海洋监测是一项技术含量高、外业强度大的艰苦工作。烟台市海岸线长700多千米，跨越黄海、渤海，监测的战线长、面积大，每年仅国家海洋局下达的5月、8月和10月三次常规监测任务就相当繁重。烟台市海洋监测机构成立十多年来，面对单位人员少、监测工作任务重的实际，马兆虎同志不断学习更新知识，始终坚守在监测工作第一线，组织开展全市海水质量、海洋生物多样性、海洋保护区、陆源污染物排海、海水入侵和土壤盐渍化调查、海水增养殖区、赤潮监控区、海水浴场、海洋工程跟踪监测九大类常规监测任务。每年组织完成190多个海上站位的调查监测和27个陆域排污口、入海河流的5个频次的调查监测；每年平均出海100多个航次，进行陆上外业调查50多次；每年组织编制和审核监测评价报告100多份；监测的数据直接进入国家数据库。自2003年开始，每年度编制《烟台市海洋环境公报》并向社会发布。建立了《烟台市近岸海域环境质量档案》，实现了对全市海洋环境的动态监控，为烟台市海洋环境保护与管理工作打下了坚实基础。圆满完成国家海洋局和山东省海洋与渔业厅每年下达的海洋监测任务。

三、扎实工作，为海区和社会的稳定尽职尽责

维护渔民的合法权益。随着海洋开发活动的增加，海上的污染事故频发。在监测服务第一线工作的马兆虎同志始终把群众利益放在首位，充分利用取得的监测资质和技术力量，搞好海上污染事故的处置。1998—2004年，先后组织调查、监测、协调处理全市海洋渔业养殖污染事故20多起，为群众争取赔偿1000多万元，挽回经济损失5000多万元，有力维护了渔区和社会的稳定。同时，承担了全市水产苗种和养

殖产品原产地水质环境监测和评价工作，保证了全市年出口26万多吨、创汇14亿美元的水产品原产地的海洋环境安全，工作令政府和群众满意。

科学处置海上突发性污染事件。近年来，烟台海域的海上溢油、浒苔、赤潮、海冰和风暴潮频发，给海洋环境保护和监测工作提出了新的更高要求，如何应对和处置这些新情况、新问题，是随之而来的新课题。马兆虎同志结合烟台的实际，制定了处置不同事故的应急预案，发挥了很好的作用。在处置突发性污染事件中，他能够结合突发事件的具体情况，提出合理的处置意见，并组织好监视监测工作。2005年12月在蓬莱长岛海域发生的"大庆91号"油轮溢油污染事故，使海洋水产养殖受损面积达180平方千米。事故发生后，马兆虎连夜组织监测人员做好准备，第二天早晨就冒着零下四五摄氏度的严寒赶到长岛事发海域进行站位布设、调查取证和跟踪监测。国务院和山东省政府领导都非常重视，对污染事故都做了重要批示，成立了领导组。由于基础工作及时到位，措施得力，经过多方配合和努力，最终使污染方承认其造成污染的事实，为国家赢得3000多万元的赔偿，也为海区的社会稳定做出了贡献，得到山东省政府领导的高度表扬。

2011年6月，渤海蓬莱19-3油田发生大面积溢油污染，震惊国内外。同时，长岛海域也发生了船舶溢油事故。在无法判断该海域是原油污染还是船舶燃料油污染的情况下，社会反响强烈。由于马兆虎同志在每个阶段的第一时间都能及时赶到事故现场，取得第一手污染源样品，分别及时送到国家海洋局北海监测中心和烟台海事部门检测化验，为及时得出科学的判断、合理处置这起污染事故奠定了基础。同时，为掌握渤海油污染情况，按照有关部门的部署，由他负责的监测预报中心积极、无条件地担负起了全省50%的监测任务，在长岛的北长山、蓬莱和龙口布设3个断面、9个监测站位，开展每周1次、为期2个月的海上监测任务。当时，马兆虎同志的母亲病重在威海住院，需要姊妹轮流照顾。由于海上监测的任务重、时间紧，马兆虎同志没能尽到照顾母亲的责任，在执行监测任务期间，母亲离开了人世。

积极投身第三届亚洲沙滩运动会的服务工作。2012年6月16—22日，第三届亚洲沙滩运动会在山东海阳胜利召开。会前，海上浒苔爆发，牵动了各级领导和广大群众的心。马兆虎同志担任浒苔处置指挥中心监测预报组组长，在烟台市政府和组委会浒苔处置指挥部的领导和指挥下，他带领监测预报组的同事们一直坚守在"抗绿潮、保亚沙"第一线,全力做好海洋监测预报保障工作,为抗击绿潮、保障亚洲沙滩运动会做出了积极的贡献。

四、勇于创新,做好海洋环境保护技术研究推广工作

马兆虎同志先后在国家和省级刊物发表学术论文20多篇,近3年获得学术奖6项,有力地指导了海洋环境保护和监测工作。烟台市四十里湾赤潮监控区是国家海洋局在烟台设立的国家级赤潮监控区,该课题项目列入了烟台市政府的科技项目。马兆虎同志带领科研团队,积极搞好预警预报研究,攻克难关,完成了"烟台市四十里湾赤潮灾害预警预报技术研究",获得了山东省海洋渔业技术二等奖和烟台市政府科学进步技术奖三等奖。在搞好赤潮灾害研究的同时,还组织对全市海域赤潮开展监视监测,通过卫星遥感、航空遥感、船舶监测、海洋环境监测站位监测和志愿者监视等手段进行。在市区敏感海域投资100多万元安装了2台24小时在线自动监测设备,在赤潮来临之前,能够及时准确地预测、预报,深受当地政府和养殖业户的欢迎。此外,承担了国家海洋局海洋一所组织的国家海洋公益项目——《我国典型海岛地质灾害监测及预警示范研究(201005010)》山东段的地质调查研究。

叶四化同志事迹

叶四化同志，2004年研究生毕业后进入广东省海洋与渔业环境监测中心，从事海洋与渔业环境监测与评价工作。参加工作10多年来，他始终坚持党的基本路线、方针、政策，具有良好的思想道德修养和政治理论水平，已从一名实验员成长为监测中心最重要的业务科室——测试分析室的负责人，刻苦钻研、任劳任怨、勇于担当、科学谨慎的作风在其身上得到完美体现。叶四化长期奋斗在海洋环境监测第一线，全省海洋环境日常监测、应急监测、信息公报编写、事故损失评估、科研项目研究均离不开他的身影。面对海上恶劣的工作环境，他不畏艰辛，不怕牺牲，出色地完成了大量急难险重的工作任务；面对日益增长的海洋环境信息诉求，他周密部署，妥善应对，充分发挥了技术支撑作用；面对突如其来的海洋环境突发事件，他临危不惧，科学处置，有力地维护了海洋生态环境权益。工作上的出色表现使他先后荣获广东省"第一次全国污染源普查先进工作者"、2006—2010年度"全国渔业生态环境监测工作先进个人"和"十一五""广东省环境保护先进工作者"等称号。参与编制的《2009年广东省海洋环境质量公报》荣获国家海洋局2009年海洋环境公报创优创新评比（省级）一等奖，主持编制的《广东省渔业水域生态环境监测与评价技术报告（2006—2010年）》获2006—2010年全国渔业生态环境监测优秀成果一等奖。

勇于担当，坚定维护海洋生态权益。广东是海洋大省，海洋经济发展迅猛，能源、钢铁、石化等重化产业在沿海地区均有分布，海上交通繁忙，海上突发事件时有发生。叶四化同志作为广东海洋环境应急监测主力军中的重要一员，充分发扬了不畏艰难、不怕牺牲、认真负责的精神，先后参与或带队组织开展了包括溢油事故、危险化学品泄漏事故、输气管道泄漏事故、日

本福岛核事故等在内的20余起海上重大和涉外突发事件应急监测和调查取证，共编制相关信息简报120余份，为管理部门迅速掌握事件真相，及时科学决策，有效回应社会关注和维护社会稳定提供了重要保障。

2011年7月11日，惠州大亚湾石化区沿海一化工厂着火，污染物随时可能入海。得到指令后，在广东省监测中心的部署下，叶四化带领监测人员连夜赶往事故现场。在充分了解事故情况后，针对可能泄漏入海的特征污染物，迅速制定了海洋环境应急监测方案。作为应急监测小组的负责人，他以身作则、身先士卒，带领组员坚持上午出海采样、下午实验室检测、晚上7点前报送信息简报，有时还要连夜研究调整第二天的监测方案。这种高强度、高负荷、高效率的工作一直坚持了5天，直到事故对海洋的影响消除为止。在此次事故处置的初期，国务院事故调查组和广东省、惠州市应急办均把此次事故定性为安全生产事故，评估影响时也更多地考虑了事故对陆域环境的影响。为第一时间发出"海洋声音"，海洋部门及时把海洋环境应急监测工作情况、监测数据和信息简报提供给事故调查组和应急办公室，他们均对海洋部门扎实有效的海洋环境应急监测工作给予充分肯定，并把海洋环境应急监测与评价结果作为事故调查、事故影响评估和对外发布事故信息的重要依据。

2012年3月13日下午，一艘载有7000吨浓硫酸和140吨燃油的韩国籍"雅典娜"号货轮在汕尾碣石湾海域沉没，船上浓硫酸和燃油随时发生泄漏。浓硫酸一旦大量泄漏有可能引起爆炸，海洋生态环境将受到严重威胁。周边居民不明真相，一时谣言四起，周边海域海上生产作业受到一定影响。获知情况后，叶四化带领监测人员连夜赶赴汕尾，第一时间了解事故情况，迅速制定应急监测方案，当一切就绪已是3月14日凌晨4时。在简单睡了3个小时后，一行人紧急赶往事发海域开展应急监测。面对硫酸泄漏可能发生爆炸的危险，叶四化第一个跳上监测船。在他的带领下，省、市监测人员连续开展应急监测监视66天，共向广东省政府和国家海洋局报送信息简报68份，在政府网站公布监测结果63期，用大量科学、准确的数据及时反驳了社会上各种谣言，为及时恢复海上生产秩序，妥善开展事故处置提供了重要技术保障，受到国家海洋局和当地政府的一致肯定。

海洋环境污染事故损失索赔是依法维护国家海洋生态环境权益的重要体现，损失评估报告是依法索赔时的重要依据。在汕尾碣石湾"3·13"沉船事故应急响应结束后，叶四化又带领有关技术人员马不停蹄地投入到编制事故损失评估报告的工作中。在缺乏同时段环境本底数据和类似事故损失评估先例的情况下，他带领团队加班加点，广泛查阅文献，反复认真讨论，终于在半个月后编制完成《汕尾碣石湾"3·13"沉船事故调查与渔业生物资源损失评估报告》。随后，广州海事法院开庭审理此案，叶四化作为原告（广东省海洋与渔业局）技术证人身份出现在海事法庭上。面对法官的问询和被告律师的质询，他坚持用事实说话，沉着冷静，不卑不亢，有理有据，最终评估报告得到海事法院的采纳和被告的认可，为国家成功索赔近千万元，有效维护了国家海洋和生态权益。2009年以来，他已主持编制了4份海洋环境重大污染事故损失评估报告，提出索赔额近亿元，其中2起已结案，为国家成功索赔近2000万元。

攻坚克难，充分发挥技术支撑作用。陆源污染物是造成我国近岸海洋环境污染的主要原因，广东更是如此。2006年，国家海洋局部署开展陆源入海排污口监测工作。广东省政府高度重视，广东省监测中心经过仔细研究，决定将广东陆源入海排污口的监测工作交由叶四化同志负责。面对如此艰巨而又重要的任务，他选择了承担。虽然使命光荣，但前进的道路布满荆棘，叶四化第一次带领技术人员对某企业的入海排污口开展监测，就遭到了该企业的围堵和刁难。他对此没有退缩，而是耐心地对企业负责人讲解海洋部门的职责和有关法律法规的知识，努力争取企业的理解和配合。经过几个小时的周旋，成功取到了该企业排污口的水样。排污口监测虽然取得成功，但如何对排污口进行科学评价又成为一道难题。2008年，广东省海洋与渔业局决定在海洋环境公报中对超标排污口给予曝光，当时这一做法在全国海洋部门是没有先例的。为了做好"第一个吃螃蟹"的人，他带领技术人员仔细审核排污口监测数据，认真研究排污口评价方法，科学评价排污口超标情况，慎重撰写排污口评价报告。2009年4月，广东省对外发布《2008年广东省海洋环境质量公报》，公报刚一发布，对超标排污口的曝光便引起各路媒体和社会各界的广泛关注。被曝光企业坐不住了，纷纷来到广东省海洋与渔业局质疑。面对企业的不满和疑问，叶四化充分利用监测数据以理服人，成功应对了企业的刁难。目前，曝光超标入海排污口的做法已在全国得到推广，为全国海洋部门开展入海污染物的监管提供了重要切入口。

为全面掌握广东全省入海污染源状况，叶四化利用3年时间策划并组织开展了全省入海排污口普查，包括全省工业类入海排污口的基础调查、中海壳牌南海石化水下排污口和茂名石化水下排污口高密度的监视监测（每月1次）和全省重点入海排污口特征污染物监测，为科学评估沿海工业污水排放对邻近海域的影响和推动广东污染物减排提供重要保障。为充分了解珠江入海污染物环境效应，他在2006—2012年连续7次（其中，4次作为首席科学家和队长）参与珠江口海洋环境联合调查监测，为摸清珠江口海洋环境现状和变化趋势，科学制定珠江口海洋环境保护和修复对策提供了宝贵的资料。海洋环境公报是海洋主管部门依法行使海洋环境保护职责的重要载体，也是当地监测中心发挥技术支撑作用的重要体现，他作为监测中心的中层技术骨干，已连续10年参与编制全省海洋环境公报，近3年更是作为公报主编牵头编制。工作中，叶四化不断丰富公报内容，坚持创新公报表现形式，注重体现地方海洋特色，使广东省海洋环境公报成为全国地方海洋环境公报的标杆，《2009年广东省海洋环境质量公报》在国家海洋局2009年海洋环境公报创优创新评比中荣膺一等奖。尽管日常工作任务已经异常繁重，但工作之余，他依然注重业务学习，积极"补充能量"，不断提升业务水平。2010年，叶四化以优异的成绩在国家海洋局组织的全国海洋环境监测与评价专业技术人员考试中取得A级证书（全国仅有4名），先后参与了包括海洋公益性行业科研项目在内的省部级科研项目6项，主持或参与编制了各类技术报告近20份，公开发表论文6篇。

李常亮同志事迹

李常亮同志，2002年7月毕业于青岛海洋大学（现中国海洋大学），怀着对海洋事业的执著与热爱，他从沿海乡镇基层到省级海洋行政主管机关，一步一个脚印，恪尽职守，任劳任怨，爱岗敬业，从事海域和海岛管理工作8年多，取得了突出业绩，多次获得各级部门表彰，为广西实施"富民强桂新跨越"战略以及广西北部湾经济区建设和发展做出了积极贡献。

一、思想素质过硬，政治觉悟能力高

作为一名中国共产党党员，李常亮同志注重理论学习，勤于钻研党的经典理论著作，积极参加支部学习活动，坚持以邓小平理论、"三个代表"重要思想为指导，深入学习实践科学发展观，积极参加党的群众路线教育实践活动，深刻学习领会党的十八大和十八届二中、三中、四中全会精神，认真贯彻落实党的各项路线、方针、政策，在政治立场上时刻与党中央保持高度一致，自觉提升政治觉悟水平；深刻领会并紧紧围绕党的十八大提出的建设海洋强国战略，认真贯彻执行国家海洋局"五个用海"要求，以端正的态度和满腔热情积极投身于蓝色海洋事业。

二、积极服务基层群众，不畏艰险勇于奉献

李常亮大学毕业后，被广西壮族自治区党委组织部录取为选调生，分配到北海市合浦县的沿海乡镇基层工作。面对广大基层群众，他发挥自己的专业特长，落实党的富民政策，指导沿海群众从事渔业生产和科学种养，服务"三农"发展经济。多次在抗击台风工作中坚守在最前沿，与村镇干部群众共同抵御自然灾害，特别是在防治"非典"的战斗中，他不顾艰险冲锋在沿

海最前线，对返乡渔民群众进行宣传教育和体检筛查，发现险情及时果断处理，有力地保障了人民群众生命财产安全。由于工作突出，李常亮于2003年被授予"防治非典先进个人"荣誉称号。基层的锻炼培养了他吃苦耐劳、乐于奉献的优良品质，也使自身专业在广阔的基层得到了充分实践，综合素质得到了提升。

三、积极投身经济建设，有力保障广西北部湾经济区建设用海，促进沿海经济社会快速发展

2006年3月，李常亮被调到广西壮族自治区国土资源厅（海洋局）从事海域使用管理工作，恰逢全区上下实施"富民兴桂"战略的关键阶段，沿海兴起基础设施大会战。2008年初，国务院批准实施《广西北部湾经济区发展规划》，广西北部湾经济区上升为国家战略，广西迎来了历史性发展机遇。经济发展需要资源作保障，作为负责全区海洋资源配置的业务骨干，李常亮主动肩负起资源保障重任，兢兢业业，任劳任怨，一方面严格按照法律法规和海洋功能区划制度审批项目用海；另一方面将国家下达的年度围填海计划指标统筹安排，按照"先急后缓、适度从紧、集约利用、保护生态"的原则排好项目用海次序，重点保障了自治区统筹推进重大项目、基础设施和民生项目用海，切实把围填海计划指标用到实处。8年多来，他累计经手审核、报批、确权的工程建设项目用海近300宗，涉海面积超过90平方千米，协助代征代缴海域使用金约20亿元，有力地保障了防洪堤坝、港口码头、路桥等沿海基础设施以及能源、工业、仓储物流等重大建设项目用海。广西沿海得天独厚的区位优势和丰富的海域和岸线资源得到了科学合理利用，防城港钢铁基地项目、红沙核电、中石化千万吨炼油项目、钦州保税港区等一系列重大项目陆续上马投产，产生了较大的经济效益和社会效益，有效地拉动了全区经济跨越式发展。广西海洋经济产值由2006年的265亿元升至2013年的899亿元，年均增长率达35%，海洋经济占国民经济总产值的比重由5.5%上升至6.4%。由于工作表现突出，资源保障有力，李常亮同志于2010年被评为广西壮族自治区国土资源管理"保增长保红线行动"先进个人。

四、开拓创新锐意进取,组织实施一系列海域和海岛管理基础性项目,有力促进广西海域使用管理工作不断迈上新台阶

广西属于经济相对落后的少数民族地区,海域和海岛管理工作底子薄,基础差,制度不够健全。李常亮充分发挥自己的专业特长和丰富的行政管理经验,参与并组织实施了一系列基础性项目和创新性工程,广西海域使用管理工作的不利局面逐步得到扭转,一些工作走在全国前列。

协助完成县际间海域勘界任务。李常亮多次深入沿海市县,组织技术承担单位现场踏勘,开展海域勘界工作,协调有关部门攻克难关,最终圆满完成了"合钦线""防钦线"(北段和南段)"防东线""铁合线"和"海合线"5条县际间海域勘界任务。

组织开展海域使用管理百县示范活动。李常亮认真贯彻落实国家海洋局的统一部署和要求,组织开展海域使用管理百县示范活动,全区有4个沿海县(区、市)被列为国家级示范县,养殖用海秩序有了明显改观,基层业务管理水平有了较大提升。他因工作表现突出,被评为"南海区海域使用管理百县示范活动先进个人"。

组织修编广西海洋功能区划。为适应广西北部湾经济区发展形势需要,广西海洋功能区划修编工作于2007年在全国率先启动。李常亮作为直接参与者与主要经办人,多次组织修改完善文本、图件、登记表等文稿,反复多次征求有关部门意见,最终《广西海洋功能区划(2011—2020年)》于2012年10月获得国务院批准实施,广西成为全国首批获得此项批准的省(市、自治区)级地区。

制定出台海域使用管理配套法规和制度。李常亮负责起草的《广西海域使用管理办法》,于2008年8月29日获得自治区政府常务会议审议通过,自2008年10月1日起施行,填补了广西海域使用管理法制建设上的空白。此外,他在用海预审、海域使用权登记、海域使用金征收、用海审查审核、填海竣工验收、批后监管等方面负责或参与起草制定了一系列规章制度,促进广西海域使用管理规范化、制度化开展。

建设广西海域使用动态监视监测管理系统。按照国家的统一部署和安排,李常亮自2006年起负责组织开展广西海域使用动态监管系统建设,历时

3年于2009年建成并通过国家验收，正式投入业务化运转，实现了国家、自治区、市级三级联网和对沿海重点海域的实时监控，海域管理信息化建设迈上一个新台阶，广西海域使用动态监视监测管理系统建设走在全国前列。

组织完成广西沿海1∶5000大比例尺电子地图项目。为填补广西沿海无大比例尺电子地图的空白，李常亮于2007年组织完成了广西沿海1∶5000大比例尺电子地图项目编制任务，为广西海域使用信息化管理提供了重要的基础平台。

组织开展广西大陆海岸线修测项目。为解决广西沿海大陆岸线数据陈旧，不适应形势发展需要的问题，李常亮于2008年组织完成了广西大陆海岸线修测项目，为解决海陆管辖争议，促进海域使用规范化管理营造有利的基础空间条件。

协助开展无居民海岛开发利用工作。李常亮还兼顾海岛管理工作，主办制定了两批共29个可开发利用无居民海岛名录向社会公布，获得社会各界广泛关注。由他协助编制的《广西海岛保护规划（2011—2020年）》于2011年12月获得自治区人民政府批准实施。参与组织实施广西海域海岛地名普查工作，通过了国家的成果验收。

组织制定广西填海规模控制性指标。为深入贯彻落实国家海洋局节约集约用海要求，李常亮于2012年负责组织编制广西填海规模控制性指标。作为主要的起草人和组织者，他按照国民经济行业分类体系，结合广西的实际提出合理的填海控制指标，目前已经将成果报送自治区人民政府批准实施。

组织开展海域海岛海岸带整治修复项目。李常亮负责组织编制完成《广西壮族自治区海域海岛海岸带整治修复保护规划（2011—2015）》，建立"项目库"，指导沿海各市实施海域海岛海岸带整治修复项目，沿海生态环境得到保护和优化，取得了较好的社会效益和生态效益。

探索性开展海域使用权市场化配置工作。为更好地体现公开、公平、公正原则，科学合理配置海域资源，李常亮于2012年负责组织开展工程建设项目海域使用权市场化配置试点工作，在钦州市茅尾海东岸海域成功推行三宗工程建设项目海域使用权挂牌出让，总成交价达到10 510万元，实现经济和社会效益双丰收。

由于李常亮业务能力强，表现突出，成绩显著，自2006年以来8年多时间，先后获得过南海区海域使用管理百县示范活动先进个人、全区国土资源系统"保增长保红线行动"先进个人、全区国土资源系统先进个人、广西国土资源厅直属机关优秀共产党员、自治区国土资源厅机关党委"共产党员先锋岗"、全区海洋系统先进个人等多项荣誉。

五、认真钻研积极探索，不断提升业务理论水平

李常亮工作之余认真钻研业务理论，踊跃发表论文。《广西海岛保护与开发利用管理措施探讨》（独著）发表于《南方国土资源》（2009年第4期）、《广西海岛保护与开发利用管理对策分析》（独著）发表于《海洋开发与管理》（2009年第6期）、《研究"浙江现象"学习"浙江精神"促进广西经济建设快速发展》（合著，第一作者）发表于《市场论坛》（2009年第7期）、《浅析博弈思想在海洋开发与海洋环保中的应用》（独著）发表于《第一届南海区海洋论坛论文集》等。他在浙江大学攻读硕士学位期间所作的硕士毕业论文《可持续发展视角下广西海岸带综合管理研究》获得有关专家充分认可。通过刻苦钻研，不断学习，他自身的业务理论水平不断获得提高。

六、道德品质优良，工作作风扎实

李常亮遵纪守法、为人诚恳、品德端正、作风正派、乐于助人，具有较强的组织协调能力，在单位群众基础扎实。他的工作作风务实，为落实项目用海需求和组织实施项目，他不辞辛劳，足迹踏遍广西沿海各市、县（区）。为完成工作任务不计较个人得失，经常加班加点，在全区海洋系统拥有较高的评价。

七、廉洁自律，秉公办事，自觉抵制腐朽思想侵蚀

李常亮同志秉承"老老实实做人，公公正正办事"的理念，认真学习贯彻中央纪委、广西壮族自治区纪委反腐倡廉的精神和要求，身处重要的审批岗位，能严格做到廉洁自律，不以权谋私，不吃拿卡要，堂堂正正做人，严格依法依规办事，时刻保持警钟长鸣，自觉抵制腐朽思想侵蚀。

韩秋燕同志事迹

韩秋燕同志，2003年至今，在儋州市海洋与渔业局一直从事海洋管理工作，在海洋管理方面做了大量工作。

韩秋燕同志根据国家海洋局《关于印发〈海域使用管理百县示范活动实施意见〉的通知》（国海管字〔2005〕562号）精神和《海南省2006年实施海域使用管理百县示范建设方案》的要求，认真做好儋州市海域使用管理百县示范工作，儋州市成为"百县示范县"之一。

2008年，根据国家海洋局〔2007〕324号文件精神和海南省有关养殖用海普查登记和专项执法工作会议的部署，儋州市海洋与渔业局以规范化管理为目标，以推进养殖用海普查登记工作为重点，全面开展养殖用海的调查摸底，海籍测量，登记造册和确权办证等工作，完成全市已测绘核查养殖用海项目1072宗。对养殖用海进行普查登记达100%，测绘养殖用海现状图覆盖面达98%，应办证的529宗均已依法受理办证，办证率100%。在韩秋燕和同事们的努力下，儋州市成为在全海南省海域普查工作中表现突出的市县之一，受到海南省海洋与渔业厅的好评。

近几年来，在韩秋燕同志洋浦海洋管理方面较出色地完成各项工作，真正做到服务好洋浦，为洋浦海洋经济发展发挥了积极作用。具体表现为：一是完成洋浦大约154家海上渔排搬迁工作。洋浦港深水航道疏浚及岸滩整治工程是2009年海南省政府安排的省重点项目，同时为了全面贯彻落实当时中央领导同志2008年视察洋浦时的重要指示，把洋浦建设成为面向东南亚的航运枢纽、物流中心和出口加工基地，为洋浦开发建设创造良好的投资环境，韩秋燕作为洋浦渔排搬迁工作成员之一深入一线，在时间紧、任务重的情况下较好地完成渔排搬迁工作，受到洋浦管委会的好评。二是配合洋浦港区外填海建设项目。该项目是海南省重点建设项目，也是洋浦招商引资进来的项目，对洋浦经济发展起着不可估量的作用。为了项目顺利推进，同时考虑当地群众民生问题，2011年韩秋燕作为工作组成员之一亲临现场，几个月内完成洋浦区外涉及填海项目的渔冲、渔屋、螺池的丈量核查工作。区外填海工程C区、D区涉及三都镇的德义和旧州2个村委会的8个自然村庄的渔冲及螺池等问题，海岸线总长度有3000多米，宽度有1000多米，总面积有300万平方米。由于面积较大，涉及村庄较多，加上历史原因，纠纷及争议等问题，增加了工作难度。为了扎实稳步推进工作，她与各工作小组成员按照划分地段、确定范围、明确目标和落实责任的要求，在丈量工作中采取同时出动，同步推进的办法，这样既能避免重复丈量，又能确保工作效率，最终完成渔冲62个、体积19 815.75立方米；渔屋5个、面积906平方米；螺池4个、面积131 810平方米。此举为洋浦搬迁办公室提供有价值的补贴依据，得到洋浦管委会的肯定。四是妥善处理好琼山新坡企业发展公司投资洋浦北部湾海水养殖场遗留问题。1992年该公司在洋浦公堂村至三都镇新村一带使用海域1.307平方千米建设海水养殖场，经原儋县人民政府批准获得60年使用权。由于洋浦区外项目建设，该公司养殖场用海范围的海域已被洋浦区外重点项目填海使用，要求给予经济补偿。同时，该公司多次到有关部门上访。作为一名联合工作组成员，韩秋燕与大家做了大量的工作，使该事件于2012年10月25日以协议方式解决。五是较好完成洋浦填海项目审批工作，提高办事效率，全力支持洋浦项目建设。韩秋燕带领同事们限时办结洋浦用海审批，最大限度地推进了洋浦涉海项目的实施，如洋浦莲花山临港石化物流园码头工程、海

南洋浦港区小铲滩作业区起步工程、中海油LNG等项目用海审批。六是完成洋浦跨海大桥审批工作，使洋浦跨海大桥于2014年4月4日通车，成为当时海南跨度最大的跨海大桥。

完成白马井中心渔港填海项目审批和群众上访工作。白马井中心渔港建设项目列入海南省2010年重点建设项目之一，也是儋州市2010—2013年重点建设项目之一，农业部于2009年5月批复项目立项。在限时完成中心渔港的审批工作前提下，韩秋燕积极处理当地群众的上访问题。当地群众"祖宗海"和"祖宗滩"思想严重，认为开发建设必须得到好处，多次到政府部门上访，并阻挠施工现场。韩秋燕与有关部门积极做群众的思想工作，目前中心渔港已完成填海工程，社会效益和经济效益显著，使当地群众最终感受到渔港建设带来的好处。

多年来配合做好围填海造地审批工作。儋州市属于全省填海造地项目最多的市县，在2011—2014年，韩秋燕配合做好填海造地用海项目审批42宗，面积8.314平方千米。

较好完成海域使用金征收工作，为儋州市财政增加收入，受到市领导好评。主要表现在2011—2014年以来征收海域使用金共48 568.17万元，其中上缴中央财政和省级财政20 390.47万元，上缴市财政28 177.07万元。

尽力服务好海花岛项目。儋州市白马井海花岛旅游综合体项目（以下简称"海花岛项目"）充分利用政策条件并结合儋州实际，在儋州市委、市政府和恒大集团的共同策划下应运而生。项目规划用海面积共7.92平方千米，其中填海面积7.83平方千米（形成陆地面积约7.1平方千米），透水构筑物跨海桥用海0.09平方千米；新增岸线40千米。海花岛项目的落地生根对儋州发展将起到不可估量的作用。在时间紧、任务重和作为海南省最大的填海工程、没有先例供参考的前提下，韩秋燕创新完成许多工作：一是审批手续方面。她对海花岛项目进行了充分的论证准备工作，通过了国家海洋局、海南省政府、省海洋厅、儋州市的层层审核和审批。二是海花岛项目涉及当地群众工作方面。为促进海花岛项目顺利开工建设，就项目范围内有养殖用海事宜，儋州市海洋与渔业局和排浦镇政府组成联合调查组。韩秋燕作为成员之一，于2012年6月至2013年1月深入沿海有关村庄，调查了解养殖用海的实际情况并对村民群众进行有关法律法规的宣传和思想教育工作。经实地调查和多次公示，最终查明养殖户共9户，涉及面积0.66平方千米。经专家评估，将约114万元补贴款发放养殖户。为加快推进海花岛项目施工进度，妥善解决好项目范围内影响生产的渔船问题并给予适当补贴，由儋州市海洋与渔业局、白马井镇政府、排浦镇政府、渔政渔监管理处及沿岸村委会组成联合调查组，用3个月时间，以公平、公正、公开的原则对所涉渔船进行现场核查、拍照登记、公示方法，初步调查渔船304艘，并将补贴方案上报市政府。韩秋燕同志通过努力做好群众思想工作，得到群众对海花岛项目的理解和支持。海花岛项目开工建设后，由于一些当地群众思想认识存在偏差，在施工过程中不断出现阻挠和上访现象。为此，韩秋燕同志多次到现场与排浦镇府解决问题，尽量化解矛盾，让群众多了解项目和支持项目。

注重海洋环境保护工作。儋州市是海南省重要的沿海市县之一，全市的海岸线长约267千米。因注重在开发中保护和保护中开发，兼顾两者关系，所以几年来儋州市没有发生海洋严重污染事件，水质良好。韩秋燕同志按照海南省委省政府科学发展，绿色崛起的要求，带领同事们加大海洋环境保护力度：一是2013年筹资完成建造渔政、海监执法船只各一艘，提升执法能力；二是通过加强执法检查，清理违法违规用海行为；三是严格按照用海审批程序批准项目用海，认真做好环境影响评价；四是在2008年全市进行大规模净化海滩行动基础上，继续积极开展净化海滩行动；五是配合红树林管理部门做好红树林保护工作。

韩秋燕同志十几年来一直在基层从事海洋管理工作，年迈的父母以及丈夫和年幼的儿子不在身边，长期过着两地分居的生活，只有周末才能与家人团聚。可是由于工作繁重，她经常加班加点，有时为了工作，周末也没有时间回家探望他们。虽然心里歉疚，但是韩秋燕认为：既然自己选择这一行业，就必须有一种职业道德情操，才能对得起党和领导以及干部职工对自己的关怀和厚爱。

王炜同志事迹

王炜同志，1976年2月出生，汉族，大学本科学历，中共党员，1995年参加工作，2010年任庄河市海洋与渔业局海洋管理科科长。王炜同志坚持以科学发展观为指导，紧紧围绕庄河市蓝色经济带建设，强化养殖用海管理和服务工作，积极参与城市和园区重点项目建设，推进养殖用海审批和用海项目报批工作，促进了养殖用海规范有序发展，保证了庄河市建设用海需要。

一、加强业务政治学习，努力提高业务能力和政治素质

王炜同志认真学习党的十八大若干重要决议，深入学习和领会党的群众路线实践教育活动有关精神和要求。能够加强对海洋管理、行政许可、海洋环保、海岛保护等法律法规学习，坚持工作与学习、集中学习与自学相结合，认真做好学习笔记、工作记录，重科学、讲方法，学以致用，提高工作效率，使业务和政治学习成为习惯，大大提高了管理和服务能力。

二、立足本职工作，全面做好海洋管理相关工作

作为庄河市海洋与渔业局的主要职能科室负责人，王炜同志面临海洋管理工作任务多、责任大等难题。他坚持以服务海域使用权人和项目单位为宗旨，优化服务质量，强化工作作风建设，很好地完成了海洋管理各项工作和任务，取得了令上级和各部门赞赏的工作成绩。

依法规范开展海域使用审批工作。王炜同志履行海域使用审查职能，严

格执行海域使用申请受理、初审、审查、权属审核、公示、报批、征缴海域使用金、配号发证等规定程序，海域使用审批没有出现差错和争议。他还进一步加强乡镇、村屯的用海管理，杜绝未取得海域使用权擅自对外发包、出租、转让海域等违法用海现象发生。庄河市养殖用海已确权发证1952本，开发利用养殖用海面积820平方千米。

认真做好海域使用金征收工作。王炜带领科室同事与沿海乡镇（街道）核实海域使用权变更、征占等流转情况，制定了海域使用金征收方案、确定征收期限，分解落实海域使用金征收任务，与沿海乡镇（街道）共同努力工作，采取上下联运、齐抓共管、切实可行的征收措施，不断加大海域使用金征收力度。2002年至今，庄河市养殖用海海域使用金逐年递增，累计征收总额达6亿元，完成项目用海海域使用金征缴入库4亿元。

规范开展海域使用权抵押融资业务。为促进海水养殖业健康发展，帮助解决养殖生产缺乏资金的实际问题，王炜同志积极探索办理海域使用权抵押登记业务，并与银行、信用社等金融部门协商办理条件、流程，采取了抵押登记双方共同到场、公示、核实属地等措施，保障金融部门和海域使用权人的合法权益，规避风险。至2014年，共办理海域使用权抵押登记492宗，抵押融资总额94亿元，为庄河市海洋经济建设和发展提供了巨大的资

金保障。

积极推进填海项目报批工作。为加快庄河市沿海经济发展，保证庄河市三大经济区项目用海需要，王炜全力以赴推进项目用海报批和填海指标争取工作。在填海项目报批过程中，始终坚持靠前服务、全程代办的原则，帮助企业、协调相关部门准备各种申请材料，及时处理报批地过程中出现的各种难题，保证项目顺利通过上级海洋部门的审批程序，为庄河争取批复填海面积总计8.67平方千米。

海岛名称管理和整治修复工作成果显著。王炜积极做好无居民海岛名称标志设立、海岛生态整治修复报批和实施工作，按照国家、辽宁省海岛管理部门的要求，从2011年至今在全市设立59个海岛名称标志碑，在全社会宣扬了海岛管理主管部门，规范了海岛标准化名称，宣传和普及了《中华人民共和国海岛保护法》。

由王炜组织申报的《大连市大王家岛生态修复示范工程》两期项目得到国家海洋局批复，为庄河市争取专项资金3000万元。他与王家镇政府密切配合，按照财政资金投资建设的工程项目管理规定，严格执行公开招标程序，圆满完成《大王家岛生态整治修复项目》一期200盏太阳能路灯、方塘、排水沟和闸门等工程的实施工作，照明和蓄排水效果得到王家镇政府和群众的高度认可，成为改善海岛基础设施的惠民工程，二期工程正在按程序实施中。

推进海域生态修复和海洋环境保护工作。由王炜制定并申报的《庄河湾河口海域整治修复项目》通过了国家海洋局审批，争取国家专项扶持资金3000万元，并积极推进该项目的前期准备和实施工作。他积极协调和组织有关单位开展庄河市近岸海域海水质量、沉积物质量、贻贝质量、增养殖区及赤潮监测预报等各项海洋指标监测和发布工作，推动了海洋环境保护相关工作的顺利开展。

加强海洋污染及海洋灾害应急体系建设。为提高庄河市对海洋污染及海洋灾害的应急处置能力，王炜和同事们根据上级部门《突发海洋自然灾害应急预案》的要求，制定了《庄河市风暴潮、海啸、海冰、赤潮灾害应急预案》，加强海洋灾害预测、预警工作，建立信息发布制度，确保信息畅通，进一步明确责任，形成垂直应急体系，组织和实施海洋自然灾害应急演练工作，不断提高应急反应能力，以便有效地应对和处置海洋灾害，保障公众生命财产安全。

三、廉洁自律，提高拒腐倡廉能力

作为科室负责人，王炜同志一方面要掌握党和人民赋予的工作职权；另一方面直接承担为人民服务的责任。廉洁自律，做好服务工作，这不仅是个人品行道德问题，而且关乎政府职能部门、党员干部在人民群众心目中的形象和影响。随着庄河市黄海北岸大开发、开放的发展，海域管理工作成为社会各界关注的热点，能否公正、公平、公开地进行海域、海岛审批工作，直接关系到社会的稳定。"打铁必须自身硬"，王炜自觉加强自身的思想政治建设、廉政建设，依法、依规、按程序开展海域使用权审批工作，顶住了"说情风"，杜绝了吃、拿、卡、要和不给好处不办事等不良现象。

王炜同志给海洋管理工作者起到了示范带头作用，得到了各级海洋部门、沿海乡镇、用海业户的好评，荣获2012年度庄河市劳动模范。

章志鸿同志事迹

章志鸿，男，1965年10月出生，中共党员，本科学历，2011年起担任象山县海洋与渔业局党委书记、局长。一直以来，章志鸿同志能够坚持学习，坚决贯彻执行党的路线方针政策，对中央和省、市出台的各项政策，做好多方式结合、及时掌握，确保政令畅通。他始终践行党的群众路线，坚持深入基层渔村、企业开展一线调查研究，面对面听取群众意见，想实招、办实事、求实效，尽心尽力为渔区群众服务。在他的带领下，象山县海洋与渔业局先后荣获了"2013年度全国农业先进集体""2012年度全国海岛执法示范单位""2012年度省海洋与渔业先进工作单位""2011年度全国渔业文明执法窗口单位""2011年度全国渔业平安示范县""2011年度全国渔业互助保险先进集体"等荣誉称号，谱写了象山县海洋渔业事业的新篇章。

——敢于担当、身体力行的决策者。参加工作30余年，章志鸿同志不管是在乡镇还是在部门工作，不管是作为"一把手"还是其他工作岗位，始终注意把握自己的角色定位，自觉维护大局，正确处理全局和局部的关系。他勇于担当、敢于负责，以强烈的进取意识、机遇意识、责任意识，坚决贯彻执行好中央和省、市、县各项决策部署，以铁腕手段、重拳出击，扎实开展渔业领域"打非治违""一打三整治""海域港口岸线整治"等专项行动，以排头兵、尖头兵的气势保障服务"两区"建设、发展全县海洋经济。他科学决策、身体力行，以时不我待、只争朝夕的理念冲破惯性思维束缚，组织全局深入开展"创先争优"，大力践行"一线工作法"，带头深入开展党的

群众路线教育实践活动，扎实做好海洋与渔业防台减灾工作，被评为2012年度"全省海洋与渔业防台先进集体"，创建了"宁波市文明单位"。在章志鸿的领导下，海洋与渔业局连续几年考核都名列全县前茅，他本人更是荣获了2012年度"浙江省海洋与渔业台风防御先进个人"和2012年度、2013年度"象山县优秀公务员"称号，赢得了广大干部职工、渔区群众的拥护和支持。

——勇于实践、锐意进取的开拓者。象山县作为全国渔业五强县，近年来受到资源环境等的刚性约束，渔业发展正处于转型发展的重要时期。在章志鸿同志的领导下，全局努力在"调结构、促转型、提品质"上做文章，在促进传统渔业向科技集聚、资源节约、环境友好的现代渔业方向发展上做文章，在构建现代渔业产业体系上做文章。他要求转变发展方式和发展理念，加快基地和园区建设，积极培育集生产、加工、流通"三位一体"的龙头企业，以此来集聚要素推进现代渔业发展步伐。他倡导大力发展生态循环养殖，发展生态型、节能型、科技型企业，拓展发展空间，发展设施渔业、做强品牌渔业等措施，为我县渔业赢得更广宽的发展空间。

象山县是浙江省首批海洋综合开发与保护试验区、首批国家级海洋生态文明建设示范县。在转变渔业发展思路的同时，章志鸿同志始终秉承"规划用海、集约用海、生态用海、科技用海、依法用海"的理念，坚持海洋开发与保护并举，坚持有序推进海洋开发和产业转型升级，积极探索海洋产业、生态、文化融合发展、和谐发展、良性发展的海洋综合开发模式。他积极创新管理体制机制，按照"控制海洋产权一级市场，建设二级市场"的目标要求，在国家海洋管理创新试点这个平台上推动海域海岛使用权征用、收储、出让等工作。2011年11月，象山县成功颁发了全国第一本无居民海岛（旦门山岛）使用权证，成功举行了全国首次无居民海岛（大羊屿）公开拍卖活动。之后，象山县出台了全国首个海域海岛基准价格评估体系和《象山县海域海岛储备管理暂行办法》，成功开展了鹤浦镇盘基塘1号宗海等海域使用权挂牌出让，等等。

——严于律己、勤政为民的践行者。章志鸿同志在工作中时刻保持清醒头脑，严格遵守国家法律法规，始终坚持维护单位的良好形象，坚持清清白白做人、干干净净做事；对家人要求严格，倡扬文明新风，家风严谨、邻里和睦，是象山县的"五好文明家庭"。有着18年基层乡镇工作经验的他，时刻心系渔区群众，始终践行着党的群众路线。在他的带领下，海洋与渔业局创新宣教模式，为渔民及其家属举办渔业安全知识和捕捞专业技能等培训教育，提供免费职业介绍服务，扎实推进渔民素质提升工程；积极推动渔业互助保险，减轻事故渔船的赔付压力，为渔船灾后恢复生产重建家园提供帮助；推进惠渔金融工程，开展渔船捕捞权证、海域使用权属抵押贷款；大力支持新渔村建设，帮助建设渔村道路、网场、渔业码头等基础设施。与此同时，在章志鸿同志的倡议下，海洋与渔业局还不定期向渔民免费赠送救生衣、灭火器、救生筏等安全设备，3年来累计筹集各类善款30余万元，资助、慰问困难渔民。

池信才同志事迹

池信才同志，现任厦门市海洋与渔业局科技与海洋经济发展处处长，海洋生物学博士。自1994年从事海洋工作以来，他一心扑在工作上，踏实勤勉，成绩突出。他知识面广，业务能力强，工作热情高，心理素质好，从一位海洋学者成功转变为海洋管理者和海洋科技体制机制创新的开拓者。池信才同志服从组织需要，承担重任，先后承担了对厦门海洋事业发展具有重大意义的厦门海域养殖清退整治、厦门南方海洋研究中心筹建、海域清淤整治、海堤开口改造工程和厦门市海洋经济创新发展区域示范等工作，并出色完成了各项任务，为海洋事业发展做出了突出的贡献。

一、服务海洋大局，为厦门海域养殖清退做出突出贡献

2006年5月1日，厦门市委市政府决定启动厦门环东海域综合整治，池信才同志被紧急抽调到厦门环东海域建设工程总指挥部，负责环东海域综合整治先行战役——养殖清退整治的工作方案制定和海域养殖清退现场协调。池信才同志当时作为渔业管理处的处长，面对自己管理服务过、即将由自己来拆除的渔业养殖设施，虽然心有不忍，但义无反顾地服从组织安排。作为环东海域的拓荒者，他进驻环东海域建设工程总指挥部，开始了历时5年的环东海域水产养殖清退和养殖回潮控制工作。特别是在2006年5月1日至11月期间，池信才同志带领的巡查组坚持每天巡查在养殖清退的第一线，接受渔民的上访，编制养殖清退每日进度，解决养殖清退中的有关政策问题，5个月没有休息过一天。在他们的艰苦努力下，各区工作组高效运转，在短期内完成了工程区内的养殖清退工作，退出水产养殖面积73.3平方千米，网箱3万箱。为环东海域综合整治后续的建设工程陆续开工奠定了基础。

二、勇于开拓进取，为厦门南方海洋研究中心成功组建和运行辛勤奔波

池信才同志担任科技与海洋经济发展处处长后，第一件重大的任务就是创建厦门南方海洋研究中心（以下简称"南方中心"）。南方中心实施"共同建设、共同支持、共同管理"的新体制，在没有先人成功经验可以借鉴的情况下，对于如何创建这一机构，一时没有成熟的思路。池信才同志积极作为，密集调研，拜访相关院士，走访兄弟单位学习取经，积极争取国家海洋局和教育部支持，多次召开研讨会广泛征求社会各界和涉海科技机构的意见，制定了《厦门南方海洋研究中心三年发展方案》并得到省领导的认可。南方中心于2012年挂牌后，积极招聘人员、落实经费和办公场所；共设立了80多个海洋科技和产业化项目，建设10个公共服务平台。2014年"国际海洋周"期间，成功举办了厦门南方海洋研究中心科技成果转化洽谈会，落实了南方中心创投资金5千万元，用于扶持海洋中小企业的"助保贷"方案也得到了有关领导的同意。目前，南方中心正在向国家海洋局申请科技兴海基地，并积极筹划海洋科技园区和南方中心研发大厦建设。

三、发挥业务优势，推进海洋经济创新发展区域示范工作成绩显著

厦门市加快海洋经济发展领导小组办公室挂靠在厦门市海洋与渔业局，为了落实国家海洋局海洋经济创新发展区域示范工作，池信才同志利用业务优势，认真做好顶层设计，积极争取当地政府的资金政策支持。先后负责草拟了《中共厦门市委、市人民政府关于加快海洋经济发展的实施意见》《厦门市海洋产业链条发展方案》《厦门市海洋新兴产业

龙头企业评选办法》《厦门市海洋与渔业局关于扶持海洋民营企业发展的意见》，制定了《厦门市国家海洋经济发展区域示范项目管理办法》《厦门市海洋经济专项资金管理办法》，完善了《厦门海洋经济创新发展区域示范实施方案》，广泛征集海洋公共服务平台项目、科技成果转化项目和产业化项目。在国家海洋局的支持下，厦门海洋科技创新发展区域示范项目已经达到23个项目。通过项目带动，引导18家民营涉海企业积极投入海洋新兴产业建设，已新增厂房11.2万平方米，新建生产线36条。培育了蓝湾科技、金达威、朝阳生物、双瑞涂料、杰能船艇等一批拥有国际领先技术的新兴企业，形成龙头引领、链条延伸、集群促进的良好局面。厦门市财政审核中心对2012—2013年度厦门海洋经济项目进行资金绩效评估，池信才同志带领的团队负责管理的海洋经济项目绩效评估获得全市唯一优秀评级。

四、服从组织安排，服务海洋重点工程建设

池信才同志由于在海域养殖清退方面经验丰富，在环东海域养殖清退取得阶段性成果后，于2009年9月由厦门市委组织部抽调到市海域清淤整治办公室工作；2010年1月海沧湾建设指挥部成立后，按照局领导安排，由他兼顾海沧湾海域协调工作。池信才便长年奔波在三个指挥部之间，协调三个指挥

部的海域养殖清退、海域清淤和海上执法有关事项，保障重大海洋工程的顺利实施：一是制定厦门市大嶝海域水产养殖退出政策，妥善处理省市退养政策之间的矛盾，指导各区制定区级养殖退出方案，保持厦门市退养政策延续性。二是推动大嶝海域退养工作和环东海域退养成果的巩固，大嶝海域退出养殖40平方千米。三是协调厦门市财政局和业主单位落实退养经费，督促各区按照养殖退出的补偿标准和补偿方法做好资金发放。四是协调做好渔船退出工作，协调相关单位和各级机构以及说服渔民按时间缴交船证。五是深入到重点渔村——琼头、欧厝、丙洲等渔村做渔民的宣传和政策解释工作，多次到省里和市里接待上访渔民，化解渔民对政策的不解情绪。六是协调解决渔民阻挠海域工程问题，有理有节地做好渔民的说服工作，保障工程顺利施工；适时协调海上执法力量，为重点工程施工提供保障。

张建同志事迹

张建，男，汉族，1971年8月出生，自2008年5月起担任青岛市城阳区海洋与渔业局党委书记、局长。2008年10月被青岛市委市政府评为"青岛奥帆赛残奥帆赛突出贡献个人"，2008年12月被山东省互保协会授予特殊贡献奖，2009年1月其研究课题"新型双翼攻兜网与三纲上延式拦网的研制及其在清理浒苔中的应用"荣获山东省科技进步奖二等奖（第一位），2009年11月被山东省互保协会授予特殊贡献奖，2010年3月被青岛市海洋与渔业局评为2009年度"海洋与渔业系统先进个人"。

政治坚定，综合素质过硬。城阳区海洋与渔业局在张建同志的带领下荣获全国"五一"劳动奖状，先后被评为全国平安渔业示范区、全国渔业互保工作先进单位、省级海洋生态文明示范区、省级文明执法窗口、青岛市文明机关。

爱岗敬业，工作成绩显著。张建同志以服务海洋经济发展为目标，全面规划，统一管理，科学开发利用，不断提高海域综合使用管理水平。建设完善了网络视频会议室，实现了国家、省、市、区四级联网运行。建成了海域监控分中心主控室，设置海域监控点6个，使区海域动态监控面积达到了80%以上。与北海分局合作开发海域信息管理系统，对辖区确权的海域进行数字化管理。深入开展海洋环境监测工作。全区设14个监测点，每年对全区主要入海口、排污口、重点海域环境进行全面监测。张建同志率先启动《城阳区海域使用规划编制》编制工作，加强海洋监察执法，组织实施网格化海岸线巡查监管机制，采取陆地海岸线巡查、船舶巡航和登岛检查相结合的方式，及时发现制止违法用海行为，依法处罚破坏海洋环境案件，维护良好的海洋开发秩序。他还协调有关部门，加大海洋宣传力度：合作创办了全国首家专门针对中小学生开放的海洋科技馆——蔚蓝海洋生物科普体验中心，建立4处青岛市中小学海洋教育社会实践基地，有7所学校被评为青岛市海洋教育特色学校。每年有计划地开展防灾减灾和海洋日宣传工作，举办防灾减灾知识进社区活动，现场发放宣传手册、宣传资料，社会公众的海洋意识明显增强。与地方电视台、电台长期合作，开播海洋宣传栏目，让更多市民了解并参与到海洋保护活动中来。

工作思路超常规，工作成效跨越式。伴随着城市化的进程和沿岸经济的迅猛发展，胶州湾海域面积比新中国成立前缩小三分之一，水动力减弱，纳潮量降低，自然和生态环境受到很大影响。为此，张建同志奔走游说于驻青岛的各级人大代表、政协委员和海洋专家之间，不遗余力地关注、解决胶州湾保护问题。在他的呼吁下，青岛市人大常委会将保护胶州湾列为九号议案，并相继制定了《青岛市海洋环境保护规定》《青岛市胶州湾保护条例》，加大环境治理力度：全力治理陆源污染。2009年以来，整治污水直排1300余处，处理率由86%提升到了90%，标准均提升到"一级A"。制定三轮环胶州湾流域污染综合治理行动计划，对32条重点污染河流的54个断面每月进行一次抽测，使胶州湾进入最佳依法治理阶段，实现"一年更比一年清"的目标。推动胶州湾滨海湿地省级海洋特别保护区建设，切实加强桃源河、墨水河等流域湿地保护，完成《大沽河口滨海湿地环境质量监测评估报告》，科学有效地开展生态保护工作。实施渔业资源修复工程，指导区内育苗企业积极参加省、市级增殖放流工作，近5年来共放流虾苗17亿单位，鱼苗450万单位。在2008年处置青岛奥帆赛海域浒苔爆发事件中，张建带领干部职工发明并改造150余艘"攻兜船"，组织出动船只7800余艘次，4万人次，打捞清理浒苔14.3万吨，在海上现场组织指挥完成7.7万米流网拦截墙安装维护任务。由于贡献突出，张建被山东省政府办公厅授予二等功，并多次被嘉奖。遇到台风、海冰等海洋灾害突发事件，他及时加强监视监测，迅速采取有效措施，全力维护国家利益和群众生命财产安全。

李喻春同志事迹

李喻春，男，1970年11月出生，汉族，江苏如东人，中共党员，研究生，1994年7月参加工作，历任深圳市农业局科员、副主任科员、主任科员，广东内伶仃福田红树林国家级自然保护区管理局副局长，深圳市海洋局海洋管理处副处长、处长，现任深圳市规划国土委（海洋局）海洋管理处处长。

李喻春同志自大学毕业至今，在深圳市海洋管理部门工作整整21年，见证了深圳市海洋行政管理部门从无到有、从小到大，在平凡的岗位上书写着朴实的人生。

一、科学谋划，海洋综合管理亮点纷呈

李喻春同志在深圳海洋事业尚处于起步阶段的时候就在海洋渔业系统工作，踏实干本职工作，积极开创工作新局面，编制了全省第一个地市级的海洋功能区划，启动了海域利用规划的编制工作，起草并出台了《海上构筑物产权登记管理暂行规定》，建立了全国第一个海域使用管理信息系统；协调保障了重大项目用海，给航空、港口、海洋装备制造等行业的发展提供了优质的城市空间资源，如深圳机场、盐田港、孖洲岛船舶维修基地等，妥善处理了"海上皇宫"事件。

李喻春充分利用国务院将广东省列为海洋经济发展试点地区的机会，主动对接广东省海洋与渔业局、广东省发展和改革委、国家发展和改革委以及国务院办公厅等部门，争取赋予深圳在广东海洋经济发展试点地区中的使命和地位。2011年7月，国务院在《广东海洋经济综合试验区发展规划》的批复中明确要求，"深圳要充分发挥经济特区和综合配套改革试验区的改革开

放先行作用，积极创建全国海洋经济科学发展示范市"，为促进深圳市海洋经济发展提供了有力的政策支持。

2002年，国务院办公厅发布了《关于勘定省县两级海域行政区域界线工作有关问题的通知》，要求沿海地区政府开展海域勘界工作。交椅湾养殖滩涂一直是深圳沙井和东莞长安两地渔民争执的焦点，械斗等群体性事件时有发生，是两地政府比较头疼的不稳定因素。自海域勘界工作开始以来，李喻春积极协调东莞市政府、广东省民政厅等部门妥善解决了该地区养殖滩涂的使用权争议，解决了历史遗留问题，化解了社会矛盾、维护了社会稳定，渔民也得到了实实在在的经济补偿，获得深圳市委、市政府的高度肯定。

为解决深圳市与珠海市关于内伶仃岛的权属争议，他先后多次组织力量到国务院秘书局及省、市、区档案、民政部门查找历史资料，寻找内伶仃岛管辖权证据，多次登岛和走访原驻岛居民、原驻岛部队官兵了解有关情况，寻找实物证据。经过努力，找到了1955年国务院"（55）国一内罗字第六十三号"文件，该批复明确同意将广东省珠海县内伶仃岛划归宝安县管辖，从而成为内伶仃岛归属深圳管辖的最关键证据。2009年9月25日，广东省政府正式批复，内伶仃岛归属深圳市管辖，历时9年终于圆满解决内伶仃岛争议问题。内伶仃岛的划归，既拓展了深圳国土和海洋空间，又为早日完成全市海域勘界工作奠定了良好的基础。目前，深圳市已与东莞市、惠州市签订了海域勘界协议书。

二、深化海陆统筹，启动多项战略规划研究

深圳市大部制的改革为海陆统筹提供了新的机遇。李喻春借助国土、规划部门的实力和经验，加快推动海监维权执法基地建设，开展海洋基础资源调查实现"海陆一张图"，开展基于环境容量的污染控制治理机制，启动珠江口深圳海域海洋环境容量研究，为以海定陆的城市发展模式奠定了基础；启动了海洋功能区划修编和《深圳市海洋环境保护规划》，出台了《深圳市海域使用金使用管理暂行办法》和《深圳市海洋产业发展规划》，推进了一系列专项规划、法律法规的研究和确立，将海洋管理工作推向了新的起点。

李喻春率先组织开展了深圳市海洋发展战略研究，开创性地提出深圳向海发展的目标定位和策略，提出主动承担国家使命，抓住国家南海开发战略机遇，争取国家赋予"南海湾桥头堡"和"海洋中心"的发展定位，制定以金融业为抓手发展海洋新兴经济，以科技为核心培育海洋软实力等策略。他筹划深圳市委理论学习中心组召开海洋专题学习报告会，邀请中国工程院院士、海洋石油工程专家曾恒一和国家海洋局海洋发展战略研究所副所长贾宇结合该战略研究内容做了题为"实施海洋强国战略，打造湾区经济"的辅导报告，并以专报的形式在《决策参考》上刊出《向海发展，把深圳打造成南中国海洋经济中心城市》的文章，受到深圳市市委、市政府的高度重视。目前，研究成果已成为深圳市发展湾区经济的重要组成部分，其核心内容为深圳市贯彻落实国家"一带一路"战略提供了思路。

李喻春组织起草了《深圳市海域管理条例》，建立了将海洋规划、资源配置和环境保护一体化的管理制度。重点就海陆分界线的测定依据、海陆管理体制、海域使用规划体系、海上构筑物管理、围填海造地管理、海域使用权市场化、海洋环保等内容进行了规范。同时，他积极推动新的城市规划条例将海洋空间纳入城市空间统筹规划，开创了海陆统筹的新思路。

李喻春还启动了《深圳市海岸带综合管理策略研究》，以问题为导向，全面梳理国内外海岸带研究、管理经验，提出将海洋空间、陆域空间、生态保护、城市安全等因素统一纳入海岸带管理范畴，建立海岸带综合管理和协调监督的组织体制，科学控制区域生产配置，形成合理的开发利用秩序，为今后滨海地区城市规划提供指引。

为了完善沙滩浴场管理，确保市民的亲海空间，李喻春组织相关单位在全国率先开展了沙滩专项规划研究工作，在坚持公共开放、海陆统筹、差异性供给和兼顾社区利益的前提下，拟定了将按沙滩的自然禀赋与片区发展定位、市政配套、交通、服务设施匹配程度，分层次、分等级开放管理的原则。他秉承开门搞规划理念，通过民心桥、在线访谈、与市人大代表、政协委员、专家、媒体和社区等沟通，了解各方面的亲海诉求，提出规划设想，掀起市民关注沙滩、关注海洋的热潮，目前成果已报深圳市政府决策。

三、紧抓海洋生态文明建设，成效显著

李喻春同志一直关注海洋生态文明建设，在保护优先，合理利用的原则下，历年来组织开展了增殖放流、投放人工鱼礁等工作，确保海洋生态的良好循环，并协调有关部门将深圳湾设立为禁渔区。根据大鹏湾海域珊瑚状况勘察情况，他先后组织种植了3000多株珊瑚，并开展了后续跟踪监测，效果良好。李喻春还负责完成了以下有关工作：

开展深圳市海洋生态红线划定与管理研究，在借鉴渤海划定海洋生态红线的经验基础上，研究摸索适合深圳市情的红线制度；启动了深圳湾综合整治策略研究，提出"深港共治，河湾联治，标本兼治"等理念，采取截污、减排、深度处理、深海排放等措施整治深圳湾。

成功将福田红树林和内伶仃岛保护区申报为国家级示范保护区，使其成为全国唯一一个位于城市腹地的自然保护区，为深圳的城市发展建设保留了宝贵的资源。开了深圳与法国巴黎理工学院、蒙彼利埃农学院和香港城市大学合作开展红树林湿地科研的先河。开展了凤塘河湿地生态系统修复工程和深圳湾红树林修复项目前期工作，通过生态系统修复改造，提升生物多样性，再造湿地生境等手段，极大地提升了红树林保护区的生态价值，成为展示深圳市生态文明建设的名片。

组织开展国家海洋局重大海洋公益性科研课题研究，研究成果在华侨城湿地修复项目中得到成功应用，开创了由地方政府为主导，企业投资修复受损的滨海湿地生态系统的新模式，取得了良好的生态、社会和经济效益，成为国家海洋公益科研课题成果转化应用的典型范例。华侨城湿地也因此获得"国家级滨海实地修复示范项目"及国家海洋公益性行业科研专项"滨海湿地生态修复示范区"，国家海洋局副局长王飞，深圳市市委书记王荣、市长许勤等领导出席了挂牌仪式。

积极推动"2013中国梦的使者——寻找中国最美滨海湿地守护者"活动，立足深圳辐射全国，让更多人关注滨海湿地现状，加入保护滨海湿地的行列，倡导大家保护湿地从身边做起、从自己做起，获得了权威专家学者、公益领袖及广大市民的积极响应。中国工程院院士金翔龙、深圳市常务副市

长吕锐锋、国家海洋局宣教中心主任盖广生等领导出席了颁奖典礼。

第26届世界大学生夏季运动会（以下简称"大运会"）在深圳举行，开幕式海域和赛事海域环境都非常复杂。时值深圳最为炎热、潮湿之际，李喻春同志组织多个部门开展了深圳湾综合整治行动，与同事们一道清理垃圾、打击非法捕捞，确保了开幕式会场海域清洁。作为大运会赛事海域的大亚湾是赤潮多发区，8月更是高发季节。李喻春借鉴奥运会、亚运会的海上赛事赤潮防治经验，组织编制了《大运会比赛海域赤潮防治行动工作方案》，举办了赤潮应急处置培训班。作为现场总指挥，李喻春与其他负责监测的同志驻守一线，在赛区周边海域发生大面积赤潮的情况下，科学判断，夜间作业，克服风大浪高、船只颠簸等恶劣环境，有效防治遏制了赤潮发生，确保了大运会首枚金牌顺利诞生，保障海上赛事的圆满完成。

四、助推海洋科技，创建海洋文化城市

面对深圳海洋科技、文化薄弱的现状，李喻春积极协调相关部门推进这两项事业的发展：

推动深圳市政府在《关于加快发展民生科技的若干措施》中专列"海洋科技"一节，为企业、科研院校争取资金扶持海洋科技研发提供依据；推动深圳大学、清华深圳研究生院建立海洋学科，加快开展数字海洋建设，开通国家数字海洋深圳节点。

推动深圳市海洋局与深圳大学于2013年7月19日签署合作框架协议，双方将共同就加强海洋政策研究、促进海洋领域的国内外合作、建设海洋数据与技术共享平台、推动海洋科学研究及成果转化、推进科教人才培养等方面开展合作，并成立工作协调小组，以促进具体工作的贯彻落实。协助清华大学深圳研究生院、中兴新通讯设备有限公司联合申报"深圳深海海洋工程装备配套试验平台"项目选为"国家海洋经济创新发展区域示范项目"，得到国家海洋局支持项目资金6000万元，将进一步提高深圳海洋科研能力。

历年来，李喻春紧紧抓住"全国海洋宣传日""国际海洋清洁日"等海洋主题重要宣传日活动，引入多方社会力量，强化海洋元素，打造内容丰富、形式多样的公共产品，扩大海洋宣传影响力，营造海洋文化城市形象。组织举

办的多个首创性活动获得社会热烈反响，海监船巡游公益活动收到全市7000余名市民报名，湿地与城市发展论坛成为国内首个从城市发展角度进行生态旅游研究交流的专业论坛，全市首届海洋主题摄影大赛及作品展获得全市积极参与，推动开展深圳"十大海洋文化历史地标"评选活动，激发市民"关注海洋、了解海洋、亲近海洋"的热情，营造了新颖独特的海洋文化氛围，塑造了深圳海洋城市的形象。

在深圳经济特区成立30周年之际，更是积极组织了中国第27次南极科学考察队深圳起航系列活动，在短短4天时间内开展了欢迎仪式、欢迎晚宴、公众开放日、极地科考专家报告会、极地科普活动及科考队员参观深圳等活动，在全市范围内掀起了一股"海洋风""极地热"，极大地提高了全市公众的海洋意识，受到深圳市领导的高度评价，国家海洋局专门为此发来贺信。

"海洋强国"战略、"一带一路"战略相继提出，海洋事业将大有作为。作为一名普通的海洋工作者，李喻春同志表示，将继续奉献自己的绵薄之力，推动深圳海洋事业向前发展。

伍胜波同志事迹

伍胜波，男，汉族，1963年9月出生，籍贯广东阳江，高中学历，中共党员，1979年11月参加工作，现任中国海警3411舰（特等船组）轮机长。

伍胜波同志从事海上维权执法工作35年来，多次参与守卫南沙美济礁、马来西亚航空公司失联客机MH370海上搜救、南海某海域护航保障以及黄岩岛、仁爱礁等重大维权执法行动，其中守卫南沙美济礁40多个航次、近3000天，赴黄岩岛、南沙维权护渔20多个航次、近1000天，义务为南沙海域作业渔民维修机器数十次。他先后多次被农业部南海区渔政局评为先进个人和优秀党员，多次被农业部授予南沙守礁一等功、三等功，被广东省直工委授予"岗位排头兵""优秀共产党员"等荣誉称号，2012年被广州军区授予"南疆卫士"称号，2013年被评为广东省劳动模范，2015年被党中央、国务院授予"全国劳动模范（先进工作者）"光荣称号。

伊兆振同志事迹

伊兆振，男，汉族，山东济南人，中共党员，1985年9月出生，2004年12月入伍，现为山东海警第二支队海警37101舰航通班班长，武警上士警衔。

入警10年来，伊兆振同志始终坚守在基层船艇一线，先后随船参与完成公安海警奥运安保反恐演练、连续两年青岛奥帆测试赛海上安保、北京奥运会青岛帆船赛海上安保、上海世博会海上安保、2014年南海维权等重大勤务数十项，随船执勤总计达10万海里，曾荣立个人三等功1次，获嘉奖3次。特别是在2014年执行南海某海域护航保障任务中，伊兆振同志3岁的女儿因意外去世，他只请假3天回家匆匆处理完女儿后事后，便主动提出重返执勤一线，长达50多天的执勤任务中，他强忍失女的悲痛，始终坚守本职岗位，服从工作安排，克服各种困难，出色地完成了任务，表现出一名共产党员和海警战士在党和国家需要的紧急时刻坚决服从命令、主动为国奉献的无私品质和高尚追求。伊兆振同志的感人事迹，赢得了上级领导和广大战友的广泛赞誉。

李成皓同志事迹

李成皓，男，汉族，河北乐亭人，1982年7月出生，2000年9月入伍，2001年11月入党，现任浙江海警第一支队海警33101舰正营职舰长，武警少校警衔。他先后荣立个人二等功1次、三等功4次，多次被评为优秀共产党员、优秀警官，所在单位2次荣立集体三等功，并被评为省级青年文明号。

李成皓同志坚决维护国家海洋权益，带领官兵圆满完成西沙巡逻监管、中建南井场护航保障、现役海警舰艇编队赴东海油气田海域维权执法和南海某海域护航保障等重大海上维权执法任务。筹建了"海上义务救助队"，2009年以来，先后带队出海240余航次，救助遇险船舶21艘、渔船民27人，挽回经济损失900余万元。坚决打击海上违法犯罪，圆满完成了海上船舶边防治安专项检查、安全执法执勤专项行动、"护渔"联合巡航执法、伏季休渔专项整治等重大行动，协同办案部门侦破非法捕捞水产品、非法买卖成品油案件20余起，查获渔货物200余吨、成品油1000余吨，案值1000余万元。积极探索舰船科学训练方法，圆满完成全国海警千吨级舰船集训和规范化训综演示任务，组织官兵编制形成78万余字的海警舰船训练体系文书资料，摸索建立出一套符合现代化、科学化、实战化要求和大型舰船实际的训练体系，舰船规范化训练方法在全国推广。

曹业政同志事迹

曹业政，1959年10月15日出生，辽宁省大连市人，1980年1月加入中国共产党，1978年3月参加工作。现任国家海洋局北海分局"大洋一号"船船长。曹业政在担任船长职务之前，执行环球航行任务两次，先后随船圆满完成大洋第20、第21、第22航次的各项任务。自2008年担任船长至2014年以来，在北海分局、支队党委的正确领导下，他紧紧围绕"大洋一号"船海上调查这个中心任务，狠抓船舶安全管理，带领全体船员克服了大洋考察任务海上工作时间长、考察项目多、跨海区范围大、先进仪器设备多、尚未积累操作经验等种种困难，安全圆满地完成了"大洋一号"船执行中国大洋第26、第30、第31和第34航次的各项任务，使"自强、探索、奉献、和平"的大洋精神得到了进一步深化、丰富和发展，为海洋事业的发展做出应有的贡献。

一、投身海洋　自学成才

"大洋一号"船主要担任大洋科学考察平台，是一艘为海洋科考事业做出突出贡献的"功勋船"，很多船长都以能够驾驭"大洋一号"船驰骋海疆为荣，曹业政也不例外。

想要驾驭"大洋一号"船可不简单，所要具备的条件和要求非常高。曹业政同志作为部队一名普通战士转业到国家海洋局，从事海洋工作属于半道出家，并不是科班出身。曹业政同志能够清楚地意识到自身的"短板"，刻苦钻研业务知识，先后自学考取了各类船员证书和大专学历。他通过边工作边学习，不断加强思想政治学习和不断充实海上的业务知识，坚持虚心向别人学习请教，刻苦钻研书本知识，认真学习历年来"大洋一号"船管理的先进经验，从中汲取营养，努力掌握有关专业知识和船队密切配合的作业方法。2008年，曹业政凭借精湛的业务素养和高超的管理水平正式担任"大洋一号"船船长，圆了自己的梦。翻开"大洋一号"船历任船长历年的光辉历程，他更是觉得重担在肩。

二、心系大洋　狠抓管理

保障海上作业安全，为海上作业争取时间是每位船长的职责。"在海上，有很多不确定的事情发生，随时要准备应对之策。"从早到晚，曹业政都不敢松懈。出海后，他几乎每天都和衣而卧，这是多年海上工作形成的习惯。

多年来，曹业政每次出海前都尽可能多学习一些天文、地理、气象等方面的知识，以最大限度地做好船舶的安全工作。作业中每当遇到驾驶员处理不了的情况时，他便会第一时间来到驾驶台，凭借自己丰富的航海经验，每次都能化险为夷。近年来，根据中国大洋矿产资源研究开发协会的制度改革要求，船上业务和科考作业配合得更紧密了，也就意味着船舶担负的任务更为繁重，船舶安全工作更为重要。参与感强了，曹业政感觉作为船长的责任也更大了。他既要在操作上全力配合作业，又要保证作业人员、设备的安全。

"总要考虑航向，我要知道往哪儿走、怎么走，哪儿是危险的，作业过程中会出现什么情况，风浪大时能不能作业，能达到什么效果。"作为远洋船船长，曹业政同志在船舶管理上创出了自己的一套管理方法。他严格按照船舶安全管理细则施行船舶作业，重点加强各岗位人员培训及设备管理规范化建设，使各方面的管理工作效率明显提高；通过创新全方位管理理念和管理方法，用抓人员思想、工作自觉性和工作和谐性的思路、理念、机制和办法来促进船舶的管理工作，让人人都明确自己工作的重要性，注重自己的行为和贡献，为"大洋一号"船的管理工作实现科学化、规范化、制度化奠定了基石。

三、情系大洋　志存高远

选择了"大洋一号"船，就注定与家人聚少离多，这是"大洋一号"船所有船员的共识。用曹业政妻子的话说，结婚至今和他相处的日子远远不如他与大海相处的时间，嫁给他也就是嫁给了大海。曹业政担任"大洋一号"船船长期间，离港时间最长达到300天以上，平均每年离港时间在200天左右。

作为我国迄今现代化水平最高的综合性海洋考察船，"大洋一号"船责无旁贷地承担了先进海洋考察设备的试验和验收这一复杂而艰难的工作。曹业政不但要保障船舶的航行、停泊、作业等方面的安全，而且经常和科学家们一起，积极探讨新设备、新仪器的使用。在使新设备从科研成果走向实用化阶段的进程中，他努力加强各岗位人员培训及设备管理规范化建设；在"大洋一号"船进厂修理期间，曹业政作为船长，带领全体船员配合分局、支队有关部门和厂方加班加点，克服时间紧、任务重等困难，严把质量关，积极推进修船工作。最紧张的一次修船任务，他们仅用了50天时间就完成318项增改装工程和修理工程，更换了三台副机、两台舵机、一台操舵仪和两个实验室合并改造工程。这么短的时间、这么大的工程量，在国家海洋局修船的历史上还是第一次。

党的十八大提出建设海洋强国战略目标和提出"中国梦"的宏伟蓝图，曹业政毅然在笔记本上写下"终身奉献海洋事业"几个字。他所写的正是他所做的。在大洋考察任务中，曹业政积极参与配合调查队海上作业项目的策划，根据项目形势认真分析海区天气的特点，科学规划实施方案、合理安排时间，成功进行了多年没有完成的进口声学拖体和国产声学拖体海上作业任务；在东太平洋洋中脊区域，配合调查队首次进行了"海龙"-ⅡROV水下摄像、采样作业任务，获得成功，并采集到非常有价值的热液硫化物样品；在南大西洋上，船舶在没有动力定位控位的情况下，船队精心组织密切合作，发现多处热液硫化物矿区，并采集到价值很高的热液硫化物样品，为我国在大西洋上填补了矿区空白。2013年，曹业政还担任中国海警1411船船长职务。他带领船员克服船舶设备陈旧、海况差等实际困难，圆满完成赴钓鱼岛执行维权任务的重任，坚决地排除了日方船只的干扰，有效地维护了我国的海洋权益。

从事海洋工作36年，海图上数百万里的航迹记载着曹业政的青春岁月和航海生涯。他是一名名副其实以海为家的海洋人，他是一名勇立潮头、敢于浪里淘沙的航海人，他是一名甘于奉献、以事业为家业的共产党员。

曹丛华同志事迹

曹丛华同志，1960年出生，1982年起在国家海洋局北海预报中心工作。从最初的基层海洋站预报员到如今的中心主任，她始终奋战在海洋观测预报及防灾减灾一线。作为一名技术带头人，她潜心钻研，带头攻关；作为中心领导，她求真务实，开拓创新；作为一名共产党员，她心系群众，敬业奉献。

她是全国"感动海洋十大环保人物"、国家海洋局"优秀共产党员"、北海分局"巾帼建功标兵"，近5年来，连续6次获得省部级科技成果奖励。参加工作30余载，曹丛华同志以精湛的业务水平和高尚的道德素养激励着身边人，带领她的团队为海洋观测预报和防灾减灾事业增添了一抹亮丽的风采！

一、扎根一线，潜心钻研，做好观测预报技术研发"指挥官"

多年来，紧紧围绕着服务海洋经济建设这条主线，曹丛华同志深入一

线，带领团队进行技术创新，研发出一系列针对性强、产品直观的数据传输、应急预测预警系统和辅助决策系统，实现了对北海区主要海洋灾害的实时监测、准确预报、快速预警，很多成果被鉴定为"填补国内空白，达到世界先进水平"。

在她的带领下，中心技术团队屡创佳绩。目前，北海区24小时风速预报平均绝对误差每秒仅1.56米，大幅度提升了海洋环境预报准确率；首次在渤海完成23个站位的海床基观测，取得了珍贵的观测数据；自主研发的搜救应急漂移预测远程GIS系统将过去由2小时完成的预测缩短为5～6分钟，且无需人工干预。

作为科研技术带头人，曹丛华同志近年来主持完成"863""908"、海洋公益性课题等科技项目10余项，撰写国标、行标3项，发表论文和技术报告50余篇，作为负责人完成的"车载海冰灾害应急监测集成系统""海上搜救应急漂移预测远程GIS系统""全国海洋观测网管理信息系统"分别获2010年、2011年、2012年国家海洋局创新成果二等奖，"北海区海洋灾害立体实时观测预警系统"获2012年国家海洋局海洋工程技术奖一等奖，"渤海海上突发事故应急响应辅助决策系统研制与应用"获2013年海洋科学技术奖一等奖，合作研发的"海洋环境监测设备及灾害预警系统"获得2012年山东省人民政府颁发的科技进步二等奖。

二、创新思路，干事创业，做好预报中心服务品牌"设计师"

近年来，作为海洋精细化预报及防灾减灾领域的先行者，曹丛华同志加快调整思路，创新理念，夯实服务水平，打响中心服务品牌。

随着海洋环境观测和监测预警能力的提升，数值预报精细化程度和准确度不断增强，北海预报中心为奥运会帆船赛、亚洲沙滩运动会等多项国际赛事、环球科考、海上搜救和渔业生产等提供了高质量的海洋专题环境保障服务。

三、恪尽职守，敬业奉献，在多项应急工作中亲率"急行军"

北海区是我国海洋灾害较严重的海区之一。面对风暴潮、绿潮、海冰等海洋灾害和溢油、搜救、核辐射等突发事件，曹丛华同志都会以高度的责任感和服务意识投入应急一线，率领团队争分夺秒，忘我工作，凭借精湛技术和丰富经验为应急处置提供有力的技术支持。

2008—2014年，她连续7年带领技术人员参与浒苔灾害应急处理，并根据多年经验自主研发出绿潮漂移预测数值模式，对其漂移趋势进行中长期预测分析。

2009年冬，渤黄海北部出现30年同期最严重海冰灾害，曹丛华同志部署多支陆岸、航空、船舶观测监测队伍，为海冰应急工作提供技术支持。

在大连油库爆炸引发溢油的应急时刻，在各种热带风暴、强台风来临之际，在蓬莱19-3油田重大溢油发生之时，曹丛华同志或第一时间赶赴现场，或亲自坐镇值班会商，在关键时刻、危机关头始终冲锋在前，以顽强的意志与奉献精神认真对待每次应急战斗。

在2008年保障奥帆赛、应对浒苔灾害应急工作中，曹丛华同志荣立国家海洋局个人二等功，并获青岛市"奥帆赛、残奥帆赛特别荣誉个人"称号，同年入选全国"感动海洋十大环保人物"。2010年，她被评为国家海洋局北海分局"巾帼建功标兵"。同年，被评为青岛市海洋学会"先进个人"，2011年又被评为国家海洋局"优秀共产党员"。

四、内塑文化，真诚关爱，做好中心职工的"贴心人"

作为单位领导，曹丛华同志非常重视单位文化建设。她常讲，"一流的单位需要一流的文化"。她亲力打造单位文化品牌，常态化开展"岗位先锋"事迹展、"读书月""名家讲堂""快乐工作、健康生活"等文体活动，精心组织每年"5·12防灾减灾日""6·8全国海洋宣传日""海洋知识进校园"等志愿者活动，还创办了特色鲜明的内部刊物《北海区预报减灾》，用核心价值观带队伍促发展，传播正能量，让职工在繁忙的工作之余提升品位、强健体魄。

曹丛华同志始终把职工利益放在首位。为帮助困难职工，曹丛华同志逐步完善单位"爱心基金会"管理，不断加大注资，为需要帮助的职工解决各种燃眉之急。她深入条件艰苦的海洋台站、观测预报一线，主动走进离退休老干部和困难职工家中，听心声，解民意，让自己的工作思路更加"接地气"。

五、永葆本色，献身海洋，为海洋工作汇聚正能量

30多年来，曹丛华同志以求真务实的作风、强烈的事业心和责任感，带领中心职工为国家防灾减灾、经济建设、国防安全和科学研究提供强有力的技术支撑，在实现"海洋梦"的征程中砥砺前行，谱写出一曲"巾帼风采献海洋"的正能量之歌！

徐韧同志事迹

根据党的十八大和十八届二中、三中全会精神要求，在以推进海洋强国建设，进一步完善海洋工作的体制机制，全面提升海洋综合管控能力，实现"四个转变"的发展机遇期，作为东海监测中心"掌舵人"的徐韧同志，始终坚持"人才蓄劲力、务实促发展"的工作思路，恪守"公开、诚信、高效、规范"的中心工作作风，将"勤奋、踏实、认真、负责"十年如一日地秉承为中心的工作文化。他带领着东海监测中心职工厚积薄发，取得了骄人业绩：职工工资近10年年均保持10%的增长；固定资产由2003年的333.7万元增加到2014年的5260.75万元；业务量翻三番。所在单位和个人多次获得各级领导的肯定和多项荣誉称号：荣获省部级奖励4项，被评为2009—2010年度国家海洋局先进基层党委，连续6年荣获东海分局"先进集体"、上海市"平安单位"称号，个人连续5年考核优秀并荣立三等功2次等。

一、咬定人才发展不放松

任何好思路、好规划、好设计，都需要人才把蓝图绘就现实。人才是一个单位科学发展的保证，是事业长足进步的基石。徐韧同志坚持人才培养的战略方针不动摇，紧紧围绕"培养什么人，如何培养人"这一重大问题，在建立和完善人才培养、选拔、任用工作机制上不断进行探索和创新。

通过近10年稳定推行"制度创新、事业发展、职称评定、提升待遇"等系列措施，东海监测中心人才事业得以快速发展：人员状况已由2003年分立之初的"在编73人中，具有正高职称仅1名，中级职称人员几乎断层，大部分为初级职称及见习的年轻人"，发展为目前的"在编76人中，具有正高职称5人，高级工程师14人，工程师18人；博士6人，硕士22人；9人输送到分局机关或担任副处级以上领导岗位",已形成了一支专业齐全、技术过硬的海洋环境监视监测与监管评价人才梯队。

制度创新,年轻人才脱颖而出。2006年,徐韧同志抓住东海分局要求事业单位实行人事聘用制改革的有利时机,因势利导,制定了《东海监测中心人事聘用制度改革实施方案》,在分局系统率先进行人事聘用制度改革探索,实行全员竞争上岗,促进了从固定用人向合同用人、从身份管理向岗位管理的转变。通过竞聘上岗,一批有才华的年轻人脱颖而出,先后有19名年轻人通过竞岗,走上了科级领导岗位,实现了中层领导年轻化的目标。富有闯劲的年轻科长们上任后,在工作中不断体现出主动性和创新性,敢于打破条条框框和习惯思维的束缚,给科室管理带来了朝气。

工作锻炼,给年轻人压担子,扶植年轻人承接项目。东海监测中心领导在徐韧同志的带头示范下,扶持年轻人多承担大项目,经历大世面,以申请国家海洋局、上海市重大项目为契机,尽可能让年轻人参与项目,甚至担当项目负责人或技术负责人。近年来,中心承担的业务化项目、"908"专项、国家"863"计划课题、国家科技支撑项目和公益性经费专项等重大专项和课题,绝大多数都由35岁以下的年轻人挑大梁。2000余万元的海洋公益性行业经费专项让当时36岁的叶属峰牵头承担。

完善分配制度,调动年轻人的工作积极性。在徐韧同志的大力推动下,中心实行的人事聘用制度一举打破了"论资排辈"的分配方式,将人事聘用与分配制度改革紧密结合,推行多劳多得、兼顾公平的分配方式,并得到广大员工的认可。年轻员工通过各自开展的工作和参与的课题、项目,收入水平明显提高。单位对年轻人才付出的劳动予以认可和鼓励,极大地提高了他们的工作积极性。

中心修订了《东海监测中心出海补贴暂行规定》,体现了多劳多得的分配原则,将出海补贴与工作量捆绑,出海补

贴也有较大幅度提高；通过施行《东海监测中心未分配住房的职工补贴发放暂行规定》，对院校毕业生实行每人每月350～600元不等的住房补贴，有效提高了年轻人出海的主动性与积极性。

事业发展，职称梯队稳步提升。作为中心职称初评委员会主任的徐韧同志，在职称评定工作中，一方面对申报人员材料严格审核，一方面对参评人员进行前期辅导，为每位参评人确定方向，对评审材料提出修改意见，进行答辩预演。中心员工在历次东海分局组织的海洋专业中高级技术职称评审中，无论是总人数还是破格选拔的人数，一直远高于平均通过率，最年轻教授的纪录一直被中心保持、打破、再保持。程祥圣、王金辉等在初级、中级、高级及正高职称评定中都获得了破格选拔。年轻人看到了希望，激发了岗位自豪感和事业心，更加珍惜自己的工作。

二、秉承"业务引领科技，科技支撑业务"的工作思路不动摇

2003年前后，东海分局科技力量总体较弱，导致下属各业务单位很少能够得到主持科研项目的机会。徐韧同志从业务工作实际需求出发，以解决实际工作中存在问题为目标，带领中心员工掀起了"业务引领科技，科技支撑业务，业务、科技相互促进，共同提升"的工作氛围。他本人先后主持或参与国家"863"计划重点项目、科技支撑项目、海洋公益专项等项目，累计科研合同经费人民币1.08亿元。

成功主持申请"重大海洋赤潮灾害实时监测与预警系统"。在一没经验，二没先例的情况下，徐韧同志带领团队前后调访了系统内外十几家单位。通过挖掘自身优势，借用"外脑""外力"和调动整合各方资源，2007年，东海监测中心首次申报国家"863"计划重点项目"赤潮监测与预警系统集成与示范"获得成功。

通过项目研究开展的深入，突破了高悬浮泥沙水体自动过滤、水体中赤潮毒素快速检测等关键技术，集成自动监测传播系统、岸基站、浮标、卫星和若干预警报模型、风险评估模型，构建了赤潮立体监测系统平台，在长江口建立了我国第一个能够进行业务化运行的赤潮立体监测示范区。实现了现场数据的长期、稳定、连续获取，实时传输，同步处理，重大赤潮3小时内预警报；研制

的8种赤潮毒素试剂盒和4种试剂条分别在2小时内和10分钟内提供检测结果。

该项目成果"海洋赤潮船载实时监测与预警技术"列入人力资源和社会保障部"专业技术人才知识更新工程2013年高级研修项目",并为来自全国沿海省市科研院所的50余位专业技术人员和管理人员开展了培训。

国家海洋局系统率先实现二氧化碳岸基监测的业务化运行。国际社会高度关注碳汇问题,多年来,我国海洋领域碳汇问题由于受岸基站选点、仪器设备选型等方面制约,二氧化碳通量岸基监测始终未能开展。为了尽快实现二氧化碳岸基监测的业务化运行,2010年初,徐韧同志组织建立了专业团队,联合闽东(现为宁德)中心站,从基站选址、仪器设备调研采购、监测方案制定、监测人员业务培训到岸基监测站建设、浮标监测系统选型论证,克服各种困难,一步一个脚印,终于在海洋局系统率先实现了二氧化碳岸基监测的业务化运行,为我国开展海洋领域碳汇问题研究迈出了第一步。同时,也为东海区和国家海洋环境公报的编制提供了第一手数据来源。

查明了南黄海绿潮爆发的源头。自2007年以来,绿潮连年在黄海大规模爆发,已成为黄海海域主要海洋生态灾害。查找绿潮源头,研究有针对性的防控对策是应对绿潮灾害的有效手段。

徐韧同志带领团队,综合东海分局及其他单位的科研技术力量,设计了绿潮源头调查的技术路线,编制了实施方案,开展为期一年的跟踪调查与监测工作。通过对现场调查结果、室内试验数据和历史资料的分析研究,发现了绿潮从水体中的浒苔繁殖体到紫菜养殖架固着、生长、人工剥落进入海域,并短时间内在海域中爆发的证据链,提出了绿潮爆发的源头来自于紫菜筏架缆绳的论断。

该调查成果得到了国内权威专家的一致认可,《中国海洋报》第2034期对课题组做了专访,国家海洋局环保司以该调查成果为基础,开始部署绿潮的防控与治理工作。

徐韧和同事们还完成了"上海市908"专项成果和国家"908"专项05区块调查成果的集成工作。国家"908"专项旨在全面掌握我国近海海洋"家底"以适应新形势下海洋开发和管理的需要。"上海市908"专项是国家"908"专项的有机组成部分,具体包括调查任务单元8项、评价任务单元9项。

作为上海市17项调查、评价任务单元成果集成的总负责人,面对从新能源、灾害、旅游到土地利用等专业内容各不相同、成果水平参差不齐的情况以及卷帙浩繁的技术报告，徐韧同志组织成果集成团队经过一年的努力，编写完成《上海市近海海洋综合调查与评价专项总报告》《上海市海洋环境资源基本现状》（专著）、《中国近海海洋图集——上海市海岛海岸带》等。有关成果于2011年12月通过了国家海洋局的专家验收并取得了专家的好评，也得到了当时刚成立的上海市海洋局领导的高度评价。除此之外，他还完成了"上海水体环境调查与研究""上海市海岛调查——崇明岛调查"2个专项并集成了上海市海岛调查成果，顺利通过上海市海洋局组织的项目验收。

通过完成上海市负责的有关"908"专项任务，基本摸清了上海市海岸带、海岛、海域、海洋生物生态等资源环境家底，系统地整理了上海市各学科海洋资料、资源属性和生态环境现状，实现了上海市海洋资料和数据的全面更新，取得了系列成果，得到广泛的应用。

此外，作为成果集成总负责人，他牵头集成了东海分局承担的国家"908"专项、"ST05区块水体环境调查与研究"专项3个专题的技术成果，组织编写了《ST05区块水体环境调查与研究》报告，通过了国家海洋局组织的专家验收。

由徐韧主编，先后出版《上海海洋环境资源基本现状》《上海市近海海洋综合调查与评价》《上海市海岛调查与研究》《上海市水体调查与研究》《浙江与福建北部海域环境调查与研究》专著5部。

三、创新开展监测业务信息化，提升工作效率"不折腾"

为了提升中心监测、评价工作的信息化水平，提高工作质量，提升效率，徐韧同志通过借鉴国外实验室信息化管理的经验，结合本单位质量管理体系的实际情况，牵头开发了"海洋监测实验室信息管理系统（HYJCLIMS）"，系统以样品与数据的可追溯为主线，实现了海洋环境监测质量管理体系（CMA）的信息化。进而开发了"海洋环境综合评价系统""东海环境立体监视监测系统"等10余个信息系统，组成了"东海区海洋环境监测业务化协同服务平台"。该服务平台已融入了单位业务、行政、后勤管理的各个方面，结束了样品无序、数据难找、手抄报表的时代，内业工作时间缩减了2/3；实现全工作流程信息化质量控制，使大监测数据合格率不断提升。截至2013年，数据合格率达95%以上，极大地提高了工作效率与质量，节省了管理成本。通过信息系统的开发摸索出了一套"边开发、边应用、边完善，重在应用"的信息化建设模式。

2013年，"海洋监测实验室信息管理系统（HYJCLIMS）"作为培训教材，由徐韧同志在全国海洋环境监测与评价管理人员培训班上讲授。经国家海洋局环保司专门调研后，正在向全国海洋监测机构推广。

2014年，徐韧同志主持开发了囊括赤潮、绿潮、溢油、危化品泄漏等应急处置的海洋环境应急监测技术支持与信息管理系统，进一步完善了中心业务化协同服务平台的功能，使上海市和东海区的海洋防灾减灾、环保监测信息化工作走在了全国前列。

"海洋环境监测监管业务化协同服务平台"获上海市政府颁发的上海市科学技术奖三等奖，个人排名第一；"海洋监测实验室信息管理系统"获国家海洋局海洋创新成果二等奖，个人排名第一。

孙利平同志事迹

孙利平，男，1963年1月出生，原系中国海监东海航空支队支队长助理。孙利平从事航空执法工作10余年，像一只雄鹰一样翱翔在祖国东海的蓝天，守护着祖国的领海。他有一个特别的中国梦——海洋梦。

2000年，孙利平和几个同事被派驻浙江舟山执行飞行工作任务。远离繁华的都市、温馨的家庭，面对艰苦的环境、枯燥的生活，他扎根舟山，在那里一待就是14年。他以年平均飞行天数最多、飞行时间最长、外场连续工作时间最长而赢得了同行们的赞誉，以精湛的业务技能、严谨的工作作风以及高度的责任感赢得了同事们的敬佩。他十几年如一日的无私奉献精神和拳拳报国情怀，更是感染着他身边的许多人。

2016年6月7日，孙利平同志在执行国家海洋巡航执法飞行任务中，因乘坐的中国海监B-7115飞机失事，不幸因公牺牲。

一、巡疆护海16载　忠诚履行使命

苟利国家生死以，岂因祸福避趋之。海上巡航的16年时间里，孙利平飞行了8500多个小时，执行过各种各样的任务：黄岩岛巡航、中建南护航、钓鱼岛巡航、海岛调查、海上维权巡航、追踪肇事逃逸船舶，等等。在空中遇到的情形五花八门，受到干扰、被跟踪、气候影响等数不胜数，甚至还被日本、美国等国的战机近距离干扰过。仅日本P-3C飞机，他每巡航两三次就能遇到一次；最近时两机距离约150米，"连对方的脸都可以看清楚"。

2012年12月13日，在中日钓鱼岛问题持续紧张期间，孙利平接受了飞机巡航钓鱼岛的任务。这是中国公务机首次飞临钓鱼岛巡航，也是中国首次在钓鱼岛领海、领空开展海空立体巡航，这令他感到无上光荣。

2011—2013年，在孙利平的带领下，东海航空支队已掌握了东海区6463个海岛的航空遥感数据，其中领海基点所在海岛，被列入第一批开发名录、整治修复、保护专项等重点海岛的遥感数据覆盖率达到100%，海岛航空监视监测任务取得决定性胜利。

二、心系海洋安全　坦然面对风险

在孙利平的计算机里，一直存放着一份留给家人的嘱托。自从写完后，他就再也没有看过，"每一次升空，都当成最后一次飞行，因为航空工作风险时刻存在，不知道什么时候就用上了，看了它心里别扭。"

大量数据显示，直升机工作风险系数非常高，而航空执法监察由于巡航在海上而风险更高，有时候为了便于调查取证，飞行高度会降低到离海面仅几十米的距离。正如孙利平所说，"感觉一伸手就可以触摸到海水"。这似乎是一幅美好的画面，但却隐藏着巨大的风险。

2001年7月，孙利平与同事们乘坐海监飞机进行常规巡航，在从舟山到宁波甬江口途中，飞机突然发生剧烈颠簸，接着机身倾斜，瞬间就下滑200多米。机舱里空气几乎窒息，在同事们的记忆中，"视野里全是迎面扑来的海水"。几秒钟后，飞机在距海面300多米高度渐渐平稳。面对突如其来的险情，孙利平异常冷静，为防止发生意外，他与机长老赵果断决定返航。回到舟山经过检修发现，原来是因为飞机右侧发动机油泵故障而引发的空中停车。"空中停车的故障发生几率非常低，却让我们给碰上了。不过幸运的是，我们当时是在近岸巡航，而且飞行高度在600多米。要是在外海飞行或者高度太低的话，我们这几条命恐怕就交代了。"对于如此惊心动魄的经历，爽朗的孙利平却只是这样轻描淡写地讲述。

三、执著钻研业务　练就"火眼金睛"

从事航空执法监察工作以来，孙利平对于国内外军事动态、舰船飞机资料的研究十分着迷。十几年来，他在业余时间收集整理的国内外舰船飞机资

料已有40余万字。目前，他还是国内某知名论坛的版主，被人尊称为"巡海大叔"。

  海监航空执法一线的长期历练和业余时间的执著钻研，成就了孙利平丰富的工作经验和职业敏感，使他练就了一双"火眼金睛"。东海定期维权巡航执法实施以来，60%的侵权目标是由海监航空执法人员最早发现。每次发现可疑目标，孙利平总能在第一时间判断该飞机、船舶的国籍、型号和用途。多年来，他凭着丰富的海监航空执法经验和丰富的军事知识，对被发现目标的动机和去向常常能做出准确判断，并作为参考信息报告给上级机关，为上级统筹分析和决策提供依据。

  说起海洋权益维护和航空执法，孙利平的脸上流露出作为海监人的自豪与骄傲。他告诉年轻的同事，能够遨游蓝天，守卫海洋，一直是他引以为荣的使命，因为他的人生信条是"使命重于泰山"。

四、扎根舟山基地　谱写奉献之歌

  自从2000年来到舟山，孙利平就把自己融入了那里。尤其是近几年，随着海监航空执法任务的加重，他在舟山待的时间也越来越长，平均每年在外场地工作超过300天，元旦、中秋、国庆等节假日，他也基本是在外场度过的，而且已经连续4个春节没与家人团聚了。近5年来，他的飞行时间累计已经超过3000小时，平均每天2个多小时，创下了中国海监航空执法飞行时间之最。难怪同事们都说："孙队长回上海，是出差外加探亲，去舟山才是回家了。"

他记得执法队每位队员的生日，却不记得儿子的班级；不怕任何艰难险阻，却最怕凌晨接到电话，因为每次紧急电话都牵动着他的心：有时是渔民遇难了，有时是肇事船逃逸……

妻子最懂他，知道他心事重，直到岳母过世两天后才打电话给他。如今家里有什么事，妻子想告诉他时，已上大学的儿子就会劝母亲说："爸爸工作很忙很累，不要让他担心了。"面对家人对自己工作的理解与支持，孙利平诚恳地说："我觉得自己欠家人的很多，但是我不后悔，因为我热爱祖国的海监事业，热爱我所从事的海监航空执法工作。"

正是因为这份热爱，孙利平才能扎根舟山，以他的忠诚执著谱写了一曲曲荡气回肠的奉献者之歌。而他的感人事迹也得到了各级党组织的高度评价和充分肯定，2003年至2014年，他个人年度考核一直为优秀，荣立三等功3次，当选年度先进个人9次，2011年被国家海洋局评为"维权执法二等标兵"，2014年被国家海洋局评为"2013年度海洋人物"候选人之一；2014年被中国海警局授予"中建南项目护航保障嘉奖"。

罗培史同志事迹

罗培史同志于1991年开始在清澜海洋环境监测站工作。海洋台站建在海边，环境偏僻，条件艰苦；水文气象值班时，整天对着那几个阿拉伯数字，看或者写，容易厌烦。他耐得住寂寞，有恒心、有信心，又细心，23年不间断做好海洋测报工作。

罗培史的工作热情高，专心研究业务，熟练掌握海洋观测的各项技术规定及所使用的各种仪器设备的技术性能、操作方法。他在工作中仔细认真、兢兢业业、一丝不苟，按时取全、取准各项观测资料。因为熟悉业务，他对工作中出现的异常现象及仪器发生的一般故障均能及时发现并排除。随着业务水平的不断提高，罗培史逐渐成长为业务技术骨干。除了正常值班，他还兼职预审工作，负责站里所有观测数据的校对、审核，严把质量关。不管是在清澜站还是后来调到三亚站，他均作为业务主管，负责预审工作。预审工作是台站工作的生命线，是测报质量的保证。而对成千上万的观测数据，要一个个地校对、审核，确保万无一失，工作量可想而知，那是一般人都不乐意干的累活、苦活。经过不懈努力，罗培史所预审的观测资料"出门"合格率均达到99%以上，所在单位多次被评为先进单位。

在23年的测报业务工作中，罗培史始终认真负责，敢于担当，工作成绩突出，从未出现测报错情。由于工作出色，他多次被国家海洋局和海南省海洋与渔业局评为先进工作者。

2003年，罗培史第一次主动申请到南沙永暑礁工作，时间为半年。南沙有"三高"：高温、高湿、高盐，环境非常恶劣。夏天如果没有台风，这里很少下雨；冬天又是另外一番景象，天天刮风下雨。在礁上用水，喝的是船上补给来的，其他用水需要贮存雨水供给，一天一人发一桶水，刷牙、洗脸、洗澡、洗衣服全靠这桶水。一旦遇上好久不下雨，那就更惨了。礁上的伙食，船刚来补给的时候还可以，有几棵青菜；过了一个星期后，就开始吃冻品了。由于缺少维生素，患口腔溃疡是常有的事。但罗培史还是一如既往地从严要求自己，工作认真负责，勇挑重担。除了日常的水文气象值班，他还主动支持配合气象分队的观测工作，给予气象分队战士业务知识和工作经验方面的培训及指导，同时还积极校对、审核他们的观测数据，并制作数据报表，为部队提供了准确、可靠的水文气象资料。在南沙因为湿度大，盐度高，仪器设备非常容易生锈、腐蚀，日常的维护保养非常重要。有一次正刮大风，风力达到9级，风传感器突然出现故障。好多人都叫他别管了，等风过后再修，但是罗培史坚决要修。他系上安全带，冒着生命危险爬上十几米高的风向杆，卸下风传感器，修复后又重新安装上，确保大风资料得以连续、准确地记录。他在南沙工作期间，所有观测数据均准确可靠，没有出现人为错情，观测仪器出现的故障均能及时排除，保证各观测仪器的正常运行及观测资料的完整性、连续性，为我国南海水文气象各要素的准确预报，各船舶的航行安全、海上作业、军队保障及南海开发建设做出了自己的贡献。同时也向联合国教科文组织源源不断地提供了准确、可靠的水文气象观测资料，为

国争光。由于在礁上的工作表现较为突出，罗培史于2009年被南沙守礁部队授予"南沙卫士"荣誉称号。

在南沙除了生活及工作上的艰苦，最令人难过的是心理上的煎熬及身体上的折磨。由于远离祖国大陆，对家人的思念与日俱增；加上生活上的单调乏味，使人在心理及精神上非常压抑，如果没有及时地排解，很容易让人出问题，在南沙这样的情况时有发生。心理上的问题可以通过有效调节来排解，而身体上的折磨只能时时面对，罗培史面对的情况就是这样。因为缺少维生素，经常患口腔溃疡；因为缺少维生素而吃的饭菜一般都是辣的，痔疮反复发作，便血不止；而因为使用的是雨水，水质很差，他患上了手足癣，脚经常溃烂。这些虽然都不是什么大病，但不容易治愈，令人非常痛苦。为了工作，这一切痛苦只能选择默默地忍受。

罗培史同志于2003年、2008年、2010年、2014年先后4次赴南沙永暑礁工作，每次半年，累计守礁两年多，是所有赴南沙站工作的地方人员中次数最多、时间最久的一位，甚至比很多守礁部队官兵的守礁时间还多，官兵们都戏称他为"礁主"。如果再加上在西沙值班的时间，他就有将近一半的工作时间是在南海上度过的。

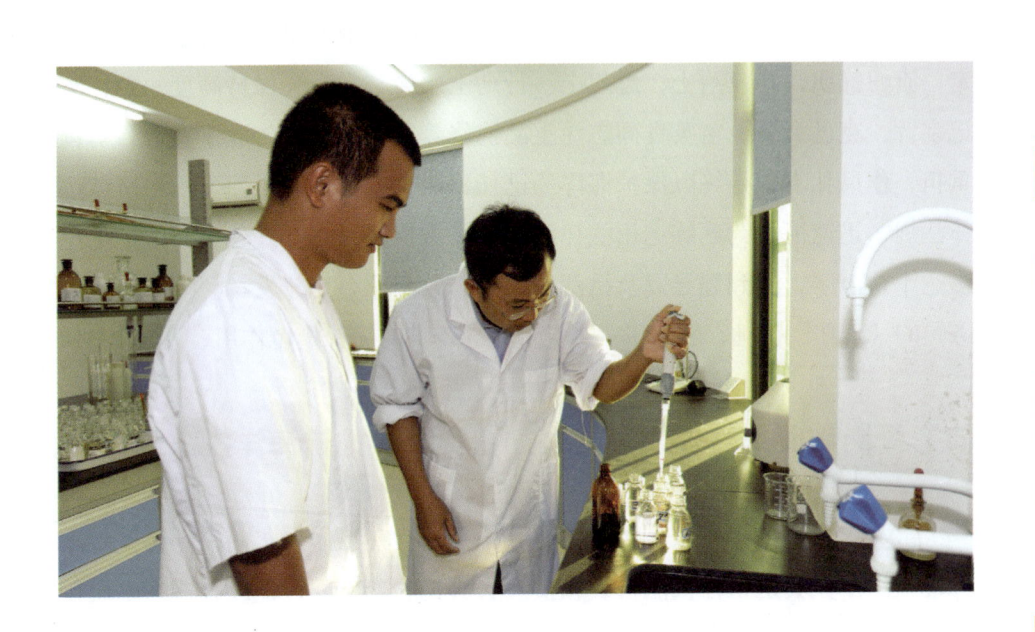

雷英良同志事迹

雷英良同志，男，汉族，生于1966年12月，中共党员，现任中国海监南海航空支队航空执法队队长。从事海洋工作近30年，他始终牢记全心全意为人民服务的宗旨，严于律己，爱岗敬业，开拓进取，勇于创新，扎实有效地开展海洋执法工作，做出了优异成绩，用自身实践见证了我国海洋执法发展历程。

一、理想信念坚定，热爱理论文化学习，不断增强海洋执法能力

参加工作以来，雷英良同志始终认真学习党的理论知识，坚持用邓小平理论和"三个代表"重要思想武装头脑、指导工作，全面贯彻落实科学发展观，践行党的群众路线，时刻以共产党员的最高标准严格要求自己，立场坚定，旗帜鲜明，在政治上、思想上、行动上始终与党中央保持高度一致，牢记宗旨、克己奉公。雷英良同志注重品德修养，坚持原则，敢于直言，勇挑重担，作风扎实，始终以保护海洋为己任，注重业务知识学习，积极研读法律法规，迅速成长为熟练运用法律法规的优秀执法人员。几年来，他记笔记多达十余万字，受到领导以及执法对象的一致好评，充分发扬了一名国家公务员的"公仆"精神，发挥了一名党员领导干部的先锋模范作用。

二、爱岗敬业，锤炼领导能力，扎实组织推进海洋执法工作

雷英良同志工作作风扎实，参与海洋执法监察工作14年间，始终坚持高标准执法。尤其是担任执法科长和执法队队长的12年间，他以打造高素质执法队伍为突破口，以科技化、信息化执法为切入点，大力推进南海区的海洋

航空执法工作，为我国海洋执法监察工作逐步走向成熟做出了积极的贡献。一是坚持行政、维权两手抓、两手硬的原则，不断提升行政执法工作的实效，不断扩大维权执法范围，提高执法响应时间，全面推进海洋航空执法监察工作；二是大力培养执法人才，提出人人都是执法骨干的目标，在执法队内部开展执法领队轮训工作，极大地提高了执法人员的综合执法能力；三是加强对执法技术、执法装备的投入，大力发展航空遥感、航空雷达等高科技执法方式，组织执法队员自行开发执法信息系统，提升执法的信息化水平；四是狠抓安全工作，把安全放在执法工作的重中之重，组织编制了部门的飞机安全、飞行安全和信息安全制度，常年开展安全自查自纠工作，定期举行安全检查，排查安全隐患。

三、忠于职守，献身海洋，发挥模范带头作用

海洋航空执法工作有其特殊性，执法区域覆盖全部南海海区，这意味着要做好海洋航空执法工作，长期出差就成了不可避免的选择。雷英良参与海洋执法工作以来，始终以极大的工作热情投身于海洋事业第一线，年平均出差达140余天。尤其在2014年开展的"ZS"项目专项行动中，他忍痛辞别病重在床的老父亲，坚决执行命令，第一时间带队奔赴三亚飞行一线，指挥部署飞行任务，协调军、民航空管制部门，安排后勤保障工作，带领团队取得了

十分突出的执法成绩，为"ZS项目"的顺利进行做出了巨大的贡献，获得了各方的高度认可。由于专项任务十分繁重，雷英良舍家为公，忘我工作，始终坚守在任务的最前沿，每天只能以简短的电话了解父亲的病情；也仅在父亲病逝的前一天，他才匆匆赶回去见父亲最后一面，简单处理完父亲后事就马上回到工作的最前线。他以海洋为家、献身海洋的精神感染并带动了整个航空执法团队。

四、团结同志，作风扎实，时刻保持廉洁自律意识

多年来，雷英良同志工作兢兢业业，任劳任怨，甘于吃苦，乐于奉献。不管工作有多难，任务有多大，担子有多重，他从无怨言，也从来不向领导和同事诉苦；在工作中能做到讲大局、讲奉献、讲程序、讲原则、讲责任，时时注意维护海洋执法人形象，处处保持团结协作。他始终保持低调的生活作风、热情的工作作风，始终注意摆正自己的位置，不越权、不揽权，不搞"小团体"，带头遵守党政领导干部廉洁自律规定和单位各项规章制度，始终牢记党的宗旨，时刻将党和人民的利益放在高于一切的位置，深入实际，做好本职工作。他以自己的实际行动，树立了清正廉洁律己、勤政廉政为民的公仆形象；以他的人格魅力，影响着周围的同志兢兢业业、认认真真地做好本职工作。

30年孜孜以求的海洋工作，见证了雷英良"老黄牛"般坚毅、朴实、奉献的品格。他以脚踏实地的作风、顽强拼搏的干劲、勇于献身的精神书写了一名海洋人的无限忠诚；他用朴素无华的实际行动，精彩诠释了"特别能吃苦、特别能战斗、特别能奉献"的海监精神，彰显了一代海洋人热爱海洋、献身海洋的时代使命。

宗兆霞同志事迹

宗兆霞同志于2001年7月进入国家海洋局工作，先后在局政策法规办公室、政策法规和规划司政策法规处和行政复议办公室、政策法制与岛屿权益司行政复议办公室工作。主要从事立法、法制建设、普法、执法监督、复议、应诉等工作。

一、思想政治

宗兆霞同志政治思想坚定，坚决拥护党的领导，坚持以邓小平理论、"三个代表"重要思想、科学发展观为指导，认真学习贯彻落实党的十八大和十八届二中、三中、四中全会精神，坚决贯彻执行党的路线、方针、政策。她以海洋事业发展大局为核心，将理论学习与工作实践相结合，为海洋行政管理工作提供法制保障和服务；积极化解行政争议，为促进沿海地区经济快速发展、社会和谐稳定贡献一份力量。

二、主要工作

宗兆霞同志热爱海洋事业，立足本职工作，团结同志，开拓进取，在立法、执法监督、法制建设、复议应诉等法制工作方面均取得一定成绩。

构建立法工作制度。组织建立并实施了海洋立法计划管理制度。在组织建立年度立法计划管理制度的基础上，首次印发实施"全国海洋立法工作计划"，将地方海洋部门的立法工作纳入国家计划，实现了国家与地方立法工作衔接，促进了立法工作协调发展。

建立海洋督察制度。按照国务院关于加强法治政府建设意见的要求，在调研论证基础上，结合工作实际，组织建立海洋督察制度。成立全国海洋督察委员会，组织编制印发了一个指导意见和三项工作规定，为各级海洋部门开展督察工作提供了制度依据。

健全法制工作制度体系。以制度建设为基础，以服务行政管理工作为目标，建立完善了海洋立法、许可、复议、听证、执法监督等法制工作制度体系，组织编制了《国家海洋局海洋法规制定程序规定》《海洋行政执法监督规定》《海洋行政复议办法》等32项规定办法，为各级海洋部门依法管理奠定制度基础，为海洋系统贯彻落实相关法律做出细化规定，填补了制度空白。

创新复议应诉工作。一是针对复议案件时效性强、专业性高、影响面广等特点，创新案件办理机制，组织建立国家海洋局海洋行政复议委员会，引入了部门沟通、专家咨询论证机制并建立复议意见书、建议书制度，保障了复议工作顺利开展。组织办理的90余件复议案件均得到妥善处理，有效化解了行政争议，维护了用海人的合法权益，发挥了复议定纷止争、维护社会稳定的作用，降低了矛盾纠纷激化的风险，树立了国家海洋局依法管海的良好形象，取得积极的社会效果。

二是组织建立首个海洋行政复议/诉讼/听证专项统计分析报告制度。为全面掌握全国海洋系统复议、诉讼及听证工作情况，研究分析问题，指导各地开展工作提供数据支持。

三是参考法院有关案件审理标准，组织编制了复议材料提交审查规范、调查取证规范和证据认定规则，这是复议工作领域标准化建设的首次尝试，得到国务院法制办公室领导的充分肯定。

四是初步形成专案专组的应诉工作机制。在机关各部门的支持下，克服行政诉讼案件周期长、答复时限短、材料要求高的特点，按时组织提交答辩意见等应诉材料。办理的罗永兴等人不服我局复议决定案、海丽公司不服我局行政处罚案等诉讼案均历经复议、诉讼一审、二审，最终我局胜诉，对维护海域开发秩序，指导地方依法行政具有重要意义。

推进依法行政工作。首先，组织编制了"国家海洋局关于贯彻《全面推进依法行政实施纲要》扎实推进海洋依法行政工作的意见"，首次提出实施海洋依法行政的工作目标和要求，为各级海洋部门开展依法行政工作提供指导。

其次，组织开展行政审批改革工作。争取国务院有关部门的理解和支持。经过努力，南北极考察活动审批等7项审批项目以国务院令的形式予以保留，为海岛保护法、海洋工程条例、观测预报条例、南极条例预留了立法空间。

再次，组织开展了法规规章及规范性文件清理工作。组织完成首批8项法规、7项规章及规范性文件清理工作；公布了国家海洋局第一批废止的规范性文件目录；首次在国家海洋局政府网站上公布了国家海洋局行政许可申办指南，便利了社会公众了解许可事项的办理程序。

此外，组织编制普法规划及年度计划，明确了全国海洋系统开展普法工作的目标和任务。在政策研究方面，参与了海洋基本法、渤海保护法的立法预研，承担了海洋工程条例、海洋行政处罚实施办法、海域违法违纪行为处分规定的编制及与国务院相关部门的沟通协调工作。组织提请立法部门对海洋行政管理工作中的法律问题，如《中华人民共和国海域使用管理法》42条法律适用等提出立法解释或意见。

承担重大专项相关工作。蓬莱19-3油田溢油事故发生后，按照工作部署，在复议、应诉、生态索赔以及新闻宣传等方面承担了事故处置的相关工作。妥善处理了河北乐亭36名渔民因污染提出的行政复议案、贾方义诉我局行政不作为的行政诉讼案。组织对溢油事故涉及的法律问题进行专题研究，形成相关法律分析报告、会议纪要、咨询意见20余份。组织编制海洋生态索赔新闻通稿等相关材料，保障了溢油事故处置相关工作的顺利进行，为相关部门决策提供了参考依据。

三、工作实绩

宗兆霞同志从事海洋法制工作十余年，在工作中能够坚持全心全意为人民服务、顾全大局、作风正派，具有强烈的事业心和责任感，爱岗敬业，廉洁自律，恪尽职守。在工作岗位上取得一定成绩。

2004年，受到人事部、监察部、国务院审批改革领导小组的联合嘉奖。2008年，因承担《海域使用管理违法违纪行为处分规定》编制工作表现突出，获得国家海洋局通报嘉奖。2009年，因在首例海洋行政复议诉讼案办理中表现突出，被国家海洋局授予三等功。2012年，被国务院法制办评为"行政复议工作先进个人"。此外，还获得中央国家机关工委授予的"优秀共青团员"称号。连续3年被评为机关优秀公务员。

宗兆霞同志认为，上述成绩的取得与工作的顺利完成，得益于国家海洋局党组、局领导的正确领导，更重要的是得到了机关各部门（包括办公室、规划司、法制岛屿司）的领导和同事们的理解和大力支持。她表示，今后的工作中，将戒骄戒躁、查找不足，努力提高自身素质，继续做好本职工作。

陈建芳同志事迹

陈建芳，男，1968年出生，现任国家海洋局第二海洋研究所学术委员会副主任，海洋生态与环境实验室主任，博士生导师。国家海洋局海洋生态系统与生物地球化学领域主要学术带头人之一。目前任International Study of Arctic Change中国秘书处副秘书长，《海洋学报》（中英文版）、《极地研究》（中英文版）、《海洋学研究》等学术刊物编辑委员会委员。曾获"全国优秀科技工作者"（2010年）、"浙江省第五届优秀职工"（2012年）、"浙江省省直机关优秀共产党员"（2008年、2010年）等荣誉称号。

作为从事基础研究和公益研究的基层党员科技工作者，陈建芳同志在政治上能与党中央保持高度一致。多年来坚持以科学发展观思想武装头脑，在科研工作中勇于创新、勤奋工作、求真务实，淡泊名利，将共产党员先进性和理想、信念落实到追赶国际科学前沿和提升海洋科研业务水平的日常工作中，在基础和公益研究、实验室建设、国际合作、团队建设等方面中均取得了优异成绩。

作为国家海洋局系统海洋生态与生物地球化学方面的学术带头人之一，他积极参与国家和局系统的重大科研专项设计。近年来，平均每年累计出差／出海天数超过100天，为极地专项、"908"专项、海洋行业公益专项、全球变化和海气相互作用专项、国家基金委员会南海深部计划和共享船时航次等的立项和项目实施做出了贡献。担任中国第三次北极科学考察首席科学家助理，在完成自身承担的繁重、艰苦的考察工作的同时，协助考察队领导做了大量的现场组织和协调工作，得到了领导和队员的一致好评。

在基础和公益研究方面，除了参与重大科研项目的设计论证工作，陈建芳同志近年来还承担了一些重大国家科研项目，做出了显著的成绩。主持完成国家科技支撑计划重点项目1项，国家自然科学基金项目3项，"908"专项和大洋专项等国家专项课题及省部级自然科学基金项目20余项。目前正在主持国家自然科学基金重点项目、海洋行业公益项目重点项目、极地专项专题项目以及中德、中法国际合作等科研项目多项。已在国内外期刊发表学术论文100余篇，其中SCI论文30余篇。论著已被SCI刊物引用超过300次，被国内核心刊物等引用超过400次。作为副主编、编委编写出版论著5部，主编或参与编写科研报告20余册，获得国家海洋局海洋创新成果一等奖1项。2010年获"全国优秀科技工作者"荣誉称号。在近海富营养化和缺氧监测，近海生态环境的长期变化，海冰变化对北极生物地球化学过程的影响，南海深部生物泵的调控机制等方面形成了自己的研究特色，在国内外学术界有一定影响。牵头完成的国家科技支撑计划重点项目"我国近海典型缺氧区业务化监测关键技术与示范研究"（2008—2011年）是第二海洋研究所牵头的第一个同类项目，通过4年的攻关，攻克了关键技术瓶颈，第一次实现了我国近海集水体和近海底为一体、生态环境参数的实时、长期和立体监测，对提升海洋生态环境的监测水平具有重要创新意义。

自2002年起，陈建芳同志一直担任局重点实验室的领导职务，为实验室的学科发展、方向凝练、青年人才培养、国际合作等做出了贡献。作为实验室负责学科发展的主要负责人，能够密切关注国家对生态环境领域的业务需求，紧跟国际前沿，带领实验室在基础研究和应用研究方面做出了显著成绩。经过10多年的发展，实验室在国家三大主体科技项目（"973""863""支撑计划"）和国家自然科学基金的获批项目数和经费总量方面，在局系统同类专业实验室中名列前茅。以陈建芳同志所领导的科研团队为例，近5年来获得10多项国家自然科学基金资助，其中多数为35岁以下的青年骨干获得，有资格申报的青年科技人员均获得了国家青年基金的资助，为实验室人才培养做出了贡献。

在国际合作方面，陈建芳同志积极响应国家号召，拓展南海和印度洋周边以及非洲的低敏感领域的国际合作。他作为第二海洋研究所主要科学家，先后与越南、巴基斯坦等国的海洋研究机构建立了合作关系，目前与浙江大学、厦门大学联合培养来自巴基斯坦、斯里兰卡和尼日利亚的留学生（博士研究生）3名。除了与欠发达国家的国际合作，还积极拓展了与德国、法国、美国、英国和加拿大等国的国际合作。近5年来，陈建芳同志先后邀请国内外专家50余人次来所访问并作学术报告，仅2014年就邀请20余位国内外知名专家来实验室讲学。此外，还积极创造条件让青年科技人员赴国外著名大学和实验室开展合作研究，迄今已牵线联系10多人次赴德国、法国、美国等国开展短期和长期的合作研究。通过国际合作的方式，提高了团队的凝聚力和实验室的整体学术水平。

陈建芳同志待人热忱，十分关心同事、学生的学业和生活。近年来，杭州的房价居高不下，对年轻人来说，购房的压力很大。陈建芳同志几次为年轻的同事力所能及地解决部分首付，让大家安心地把更多精力放在科研上。又如，前些年实验室有一位职工不幸罹患癌症，生病期间无人照顾。陈建芳同志得知这一情况后，不顾工作繁忙，担负起照顾该同事的责任，直到一年后该同事去世。

总之，陈建芳同志政治立场坚定，团结协作精神强，业务水平高，取得的成果显著，为我国的海洋科学事业做出了重要贡献。

张志锋同志事迹

张志锋同志现任国家海洋环境监测中心主任助理，兼任全国海洋标准化委员会委员、海洋环保分技术委员会秘书长以及国家海洋环境监测中心"入海污染源监督和功能区监测评价"工作组首席责任专家。主要从事入海污染源和海洋功能区监测评价技术研究和全国业务体系技术支撑、主要污染物的海洋生物地球化学研究、海洋资源环境承载力和综合管控对策研究等。

努力做好全国海洋环境监测与保护的技术支撑工作。先后参与"十五""十一五"和"十二五"全国海洋环境监测业务体系发展规划的编制以及遏制近岸海域污染恶化趋势专项规划、海洋生态红线制度、海洋生态文明建设等重大战略规划的研究制定工作；负责海洋资源环境承载能力监测预警技术体系的研发与构建，并参与国家发展改革委组织的相关技术工作；承担国家海洋局节能减排、渤海环境立体监测与动态评价、海洋生态环境在线监测等重大海洋环保专项；参与大连"7·16"溢油事故、蓬莱19-3油田溢油事故等的海洋生态环境影响和损失评估等工作；参与《中国海洋环境状况公报》和各类信息专报的编制，系统开展入海污染源和海洋功能区监测评价技术方法研发和标准化工作，主持和参与有关海洋环境监测评价的技术标准编制，包括国家标准1项（海洋创新成果奖二等奖）、海洋行业标准5项。

深入服务地方海洋环境保护专项任务。作为主要技术专家参与河北省海洋局组织的北戴河海洋环境保障工作，圆满完成北戴河及邻近海域污染来源诊断等技术支撑工作，提出北戴河及邻近海域褐潮灾害减灾防灾、入海污染源管控和分类治理、区域生态建设和整治修复等系列措施，协助河北省海洋局向省委省政府提出北戴河及相邻地区环境深度治理的对策建议；作为技

术骨干参与天津近岸海域污染物总量控制制度及关键支撑技术的研究工作，提出陆海统筹、区域联动的入海污染物总量减排技术方案。此外，参与广东省、浙江省、海口市等近岸海域环境污染问题诊断和污染防治对策等的技术咨询工作。现已制定地方性海洋环境评价标准3项，提供各类技术报告和咨询报告10余项。

支撑性科研工作取得显著成果。承担和参与各类科研项目20余项，主持完成国家自然科学基金、国家海洋局"908"专项、海洋公益性行业科研专项子任务、国家海洋局青年基金、重点实验室基金项目等多项，为海洋环境监测与保护工作提供有效的科技支撑。截至2014年，共发表科技论文40余篇，其中SCI论文10余篇；出版专著2部，其中第一作者编著的《中国近海海洋环境质量评价与污染机制研究》获"2013年度海洋优秀科技图书奖"。积极参与海洋环保领域的国际和地区交流合作，在北太平洋海洋科学组织（PICES）、东亚海伙伴关系计划（PEMSEA）等国际组织中任职技术专家。2011年被评为"海洋系统优秀科技青年"。

切实履行岗位职责，做好团队建设。张志锋同志在工作和生活中严格要求自己，认真负责完成岗位职责，连续6年单位考核为"优秀"；担任化学室副主任和党支部书记期间，积极组织各项集体活动和党员活动，所在党支部被评为国家海洋局"先进基层党组织"；担任国家海洋环境监测中心主任助理以来，先后承担中心"十二五"业务发展规划、圆岛生态实验基地建设等重大专项任务，协助中心领导做好日常管理工作；在国家海洋局机关党校学习期间，担任第34期干部进修班班长，较好地完成了党校学习的组织协调工作，所撰写的毕业论文被评为"优秀论文"，所组织撰写的专题研究报告在《中国海洋报》刊出。